KB048948

행복한
육아
013

현명한 부모는 아이의 마음을 먼저 읽는다

그림 · 김중석
1967년 경북 김천에서 태어났습니다. 대학에서 서양화를, 대학원에서 미술교육을 전공하고, 고등학교와 대학교
에서 학생들을 가르치다가 지금은 어린이책에 그림을 그리고 있습니다. 〈아빠가 보고 싶어〉로 제5회 보림창작
그림책공모전에서 우수상을 수상하였고, 〈최현호는 왜 집으로 돌아갔을까〉〈웨이싸이드 학교 별난 아이들〉〈찐
찐군과 두빵두〉 등에 그림을 그렸습니다.

현명한 부모는 아이의 마음을 먼저 읽는다

1판 1쇄 펴냄 2006년 6월 25일
1판 10쇄 펴냄 2014년 1월 20일

글쓴이 주정일 유미숙 신철희
그린이 김중석
펴낸이 김성구

아동서팀 윤희정 임선아 현설희 최미소
제작 신태섭 | 마케팅부 최윤호 손기주 송영호 김정원 차안나 | 관리 김현영

인쇄 서진인쇄 | 제본 대흥제책 | 용지 월드페이퍼

펴낸곳 (주)샘터사 | 등록 2001년 10월 15일 제1-2923호
주소 서울 종로구 대학로 116(우편번호 110-809)
전화 아동서팀(02)763-8963 마케팅부(02)763-8966 | 팩스 (02)3672-1873
전자우편 kidsbook@isamtoh.com | 홈페이지 www.isamtoh.com

ISBN 978-89-464-1411-1 04370, 978-89-464-1400-6(세트)
이 도서의 국립중앙도서관 출판시도서목록(CIP)은 e-CIP 홈페이지
(http://www.nl.go.kr/cip.php)에서 이용하실 수 있습니다.(CIP제어번호 : CIP2006001383)

ⓒ글 주정일 유미숙 신철희, 그림 샘터사, 2006
이 책은 저작권법에 의해 보호를 받는 저작물입니다. 이 책에 수록된 글과 이미지를
사용하고자 할 때에는 반드시 저작권자와 (주)샘터사의 서면 허락을 받아야 합니다.

샘터 1% 나눔 실천 샘터는 모든 책 인세의 1%를 '샘터파랑새기금'으로 조성하여
소년소녀 가장의 주거비로 아름다운재단에 기부하고 있습니다. 2012년까지 5,400여만 원을
아름다운재단에 기부하였으며, 앞으로도 샘터는 책을 통해 1% 나눔 실천을 계속할 것입니다.

행복한
육아
013

현명한 부모는 아이의 마음을 먼저 읽는다

주정일 유미숙 신철희 글 | 김중석 그림

샘터

상담원의 눈으로 본 아이

이 책을 쓴 지 거의 20년의 세월이 흘렀으니 강산이 바뀌어도 두 번은 바뀌었으리라. 그래서 시대에 맞는 내용으로 새롭게 가다듬어 세상에 다시 내놓으려는 시도가 이렇게 개정판으로 선을 보이게 되었다.

1987년 5월에 놀이치료를 표방하는 기관으로는 국내에서 처음으로 문을 연 아동상담소에서 아이들을 정성껏 치료하며 눈에 띄는 효과를 보게 되었다. 신도 나고 보람도 커서 그 케이스들을 모아 〈놀이치료로 좋아졌어요〉라는 책을 냈더니, 그 책을 보고 상담소를 찾아오는 사람들이 줄을 이었다.

그러나 사람마다 상담소를 찾아올 수는 없는 일이기에 가정에서 아이를 잘 길러 정서장애를 미리 막는 것이 더 바람직하겠다는 생각에서 자녀교육에 참고가 될 만한 책을 내놓은 것이 이 책이었다.

독자의 반응이 좋았는지 샘터사에서 개정 작업에 착수하여 주신 것을 고맙게 생각하며, 사장님 이하 관련 직원들의 헌신적인 노고에 깊이 감사드리는 바이다.

해가 갈수록 자녀 수는 줄어 외동이인 가정이 크게 늘면서 자녀가 부모로부터 받는 관심과 정성은 더 많아졌다.

그러나 실제 부모들은 아이 키우기가 더 힘들어졌다고 하고, 아이들 또한 심약해진 탓에 유아교육기관, 학교 등에 적응하지 못하는 경우가 많아지고 있다. 문제행동을 나타내는 아이들도 늘고 있고, 문제행동의 정도도 더 심해지고 있다.

저출산을 걱정해야 하는 이즈음, 태어난 아이만이라도 하나도 낙오 없이 사회의 쓸모 있는 사람으로 커 가도록 부모는 물론 국가, 사회, 학교와 학원, 상담소 등이 모두 힘을 합해 협력해야 할 때인가 한다.

2006년 6월
저자 대표 **주정일** (원광아동상담센터 고문, 전 서울대학교 교수)

신철희 편

3

 부모의 자세

1

주정일 편

"아이는 적절한 사랑과 관심을 받지 못하면 병이 나거나 정서장애를 일으킵니다. 신생아 때부터 생리적 욕구가 충족된 아이는 신체도 건강하고 지능도 발달하며, 정서가 안정되고 사회적으로도 유연한 아이로 크게 되지요."

민수의 놀이치료

민수에게는 정신박약아인 형이 있었다. 엄마는 민수를 임신하고도 걱정이 되었다.

하지만 이번엔 윗입술이 갈라진 (토순) 아기가 태어났다.

일주일후 민수를 집으로 데려오니 배꼽과 고추끝이 짓물러 있었다.

이후 민수는 입술교정 수술과 장염으로 입원하며 힘든 시간을 보냈다.

민수는 자라면서

자기 입에 대한 심한 열등감을 안고 자랐다.

입은 왜 가리니.

그래서인지 말이 없었다.

자라면서 '엄마' 소리는 하기 시작했는데

엄 …… 마

'아빠' 소리도, 다른 소리도 일체 안 하고 여섯 살이 되었다. 알아듣기는 했으나 말만은 절대로 하지 않았다.

상담소에 처음 온날 민수는 쉽게 놀이치료를 위한 방으로 따라 들어왔다.

팔을 벌리자 저항없이 안기더니 그대로 주저 앉자고 몸으로 말했다.

자기 몸을 좌우로 흔들면서

자기를 흔들어 주기를 원하는 눈치였다.

태아처럼 행동 하는군.

민수어머님 태중에서 이상이 있었나요?

기형아를 낳을까 두려워서 염색체 검사를 했어요.

엄마의 이런 마음이 태아에게
불안 요소로 전해졌던 것일까?

둘째 주에 다시 온
민수는 걸음마를
시켜 달라고 했다.

걸음마 걸음마

이제 한 살짜리
노릇을 하자는 것이었다.

셋째 주에는 아빠
인형을 팽개쳤다.

병원에 민수를 버리고 온 것을
복수하는 것 같았다.

그 후 민수는 놀이방에 올 때마다 아빠 인형부터 찾아서

옷을 벗겨 내동댕이 치고 나서야 다른 놀이를 했다.

얼마 후에는 밀가루 반죽을 아빠 얼굴에 붙이더니 그것을 망치로 두드려서 앞뒤로 납작하게 만들었다. 이렇게 놀면서 아빠에 대한 감정을 발산시키고 해소해 가는 것 같았다.

몇 주 후부터는 사람을 그렸다. 배 부분에 가서는 반드시 배꼽과 고추를 그렸다.

배꼽과 고추의 불편함이 잠재의식 속에 있다가 표현되는 것으로 보였다.

어느 날은 엄마와 아빠를 한 장에 나란히 그렸다.

비로소 한 쌍의 부모로 인정하는 것만 같았다.

며칠 후 새벽에 잠을 깬 민수는 느닷없이 '아빠' 하고 소리를 질렀다.

아빠!

마침내 아빠의 소원이 이루어진 것이다.

저 녀석한테 아빠 소리 한 번만 들어 보면 죽어도 여한이 없겠다.

그 후 민수는 날마다 말을 뱉어내기 시작했다.

아빠!
엄마!
형아!

어른을 상담할 때는 주로 언어로 하지만 아이는 언어로 충분히 자기 표현을 하지 못하기 때문에 놀이를 통해서 상담하는 경우가 많다. 이때 사용하는 치료 방법을 '놀이치료'라고 한다.

제1장 **놀이치료에 대하여**

아이와 놀이치료

살아가다 보면 어른이나 아이나 마음 아픈 일을 겪기 마련이다. 이런 때 어른들은 운동으로 스트레스를 풀든지 여행을 떠나든지 술을 먹든지 친한 사람에게 하소연을 하든지 여러 가지 방법으로 대처한다. 이런 방법으로 해결이 안 될 때는 정신과 의사를 찾아갈 수도 있다. 그러나 아이들은 그럴 능력이 없어서 많이 울거나 짜증을 내거나 말을 더듬거나 자학 행위를 하는 등 정서장애를 일으키는 경우가 많다.

이런 아이들을 위해 놀이치료, 음악치료, 미술치료, 운동치료 등 다양한 치료 방법이 적용되는데, 놀이치료는 그 가운데 한 방법으로 가장 대중적으로 활용되는 방법이라 할 수 있다.

아이는 태중에서부터 사랑을 받아야 건강하게 자란다. 마찬가지로 태어나서도 끊임없는 사랑과 관심 속에서 자라야 하는데, 어른들이 바쁘다고 자칫 방심하면 아이는 곧바로 마음이 아파서 여러 가지 문제를 일으킨다. 그 기간이 길어지면 돌이킬 수 없는 후환이 되는 수도 있다. 이런 문제들을 해결하고 정상을 되찾는 데 놀이치료가 상당히 유효하게 작용한다.

아이가 건강하게 자라기 위해서는 다음과 같이 몇 가지 조건이 필요하다.

· 어머니와 가족의 관심과·사랑

· 나이에 적절한 영양

· 나이에 맞는 새로운 경험

· 쾌적한 주거 환경

· 자연의 혜택(깨끗한 물, 맑은 공기)

· 여러 가지 장난감과 함께 놀아 줄 사람

· 동화책과 읽어 줄 사람

· 또래 친구

· 자유놀이를 할 기회

이 중 어느 한 가지라도 지나치거나 모자라면 아이의 몸이나 마음이 병들기 쉽다. 몸의 병은 병원에 가서 치료받을 수 있지만 마음의 병은 몸의 병만큼 눈에 잘 띄지도 않고 눈에 띄어도 그것을 병으로 알고 치료하려는 사람은 드물다.

마음의 병이 있는 아이의 행동 특징을 살펴보자.

· 손가락을 심하게 빨거나 손톱을 물어 뜯는다.

· 매사에 떼를 쓰고 신경질을 부린다.

· 말을 더듬는다.

· 얼굴의 근육이 경련(틱)을 일으킨다.

· 경기(驚氣)를 한다.

· 말을 안 한다.

· 동생이나 친구를 꼬집고 할퀸다.

· 오줌을 못 가리고 자주 싼다.

· 남의 물건을 훔친다.

· 눈을 맞추지 않고 피한다.

· 낯가림이 심하고 변화를 못 견딘다.

· 하루 종일 시비를 걸고 싸운다.

· 행동이 거칠고 빠르며 쉬지 않는다.

· 성기를 만지며 노는 일이 잦다.

· 머리를 짓찧는 등 자학행위를 한다.

· 애들이 노는 것을 보면 훼방만 한다.

이와 같은 행동이 나타나게 되는 원인을 찾아보면 무수히 많지만 대표적인 것을 들어 보면 다음과 같다.

· 동생을 보아서 엄마를 빼앗긴 것이 서럽다.

· 엄마나 아빠가 편애를 한다.

· 엄마와 아빠 사이에 부부 싸움이 잦다.

· 엄마와 아빠가 별거하고 있거나 이혼을 했다.

· 집안 사정으로 이사를 자주 한다.

· 태교가 잘못되었다.

· 놀 상대가 없어서 늘 심심하다.

· 부모가 항상 자기 능력 이상으로 기대한다.

· 영아기에 독방에서 혼자 잤다.

· 젖을 빨아 본 일이 없다(스킨십이 부족했다).

· 부모에게 매 맞고 꾸중 듣는 일이 잦다.

· TV앞에 혼자 앉아 있는 시간이 많다.

아동 상담과 놀이치료

아동 상담은 앞에서 열거한 행동상의 특징이 있는 아이를 대상으로 치료를 하는 일이다. 어른을 상담할 때는 주로 언어로 하지만 아이는 언어로 충분히 자기 표현을 하지 못하기 때문에 놀이를 통해서 상담하는 경우가 많은데 이때 사용하는 치료 방법을 '놀이치료'라고 한다.

상담소의 놀이치료실은 아이의 억눌린 감정을 풀 수 있게 꾸며 놓은 곳이다. 이곳에서 여러 가지 장난감을 창의적으로 가지고 노는 동안 아이는 자기 안에 축적되었던 긴장감, 좌절감, 불안감, 공격심, 공포심, 당혹감, 혼돈감 등을 서서히 풀고 발산할 수 있는 좋은 기회를 갖게 된다. 이런 감정들은 흔히 아이의 잠재의식 속에 깊숙이 묻혀 있다가 너그럽게 이해해 주는 치료자의 눈길을 만나면 아이는 방어기제를 풀고 조금씩 그것들을 표면에 떠올리어 행동으로 나타냄으로써 자기 감정을 조절하고, 해소하는 과정을 거치게 된다.

> 여러 가지 장난감을 창의적으로 가지고 노는 동안 아이는 자기 안에 축적되었던 긴장감, 좌절감, 불안감, 공격심, 공포심, 당혹감, 혼돈감 등을 서서히 풀고 발산할 수 있는 좋은 기회를 갖게 된다.

결과적으로 아이는 본성을 회복하게 되고 자신감 내지는 자긍심까지도 생기게 되므로 차차 문제행동은 줄어들고 정상적인 행동을 하게 된다. 치료실에서 아이는 절대로 비난받거나 강요당하지 않으므로 마음의 안정을 되찾게 되고, 따라서 스스로 자기 자신을 다스릴 줄 알게 되며 거기에서 오는 크나큰 기쁨을 맛보게 된다. 이러한 기쁨은 평화로운 표정과 미소로 표현되기도 하고 때로는 환성을 지르거나 깡충깡충 뛰는 행동으로 나타나기도 한다. 치료실에 처음 들어올 때는 대개 다소 긴장된 표정이지만 나갈 때는 봄볕에 눈 녹듯 편안한 표정이 될 때가 많다.

놀이치료실

놀이치료실의 크기는 보통 2~3평 정도이고 그 안에 갖출 수 있는 놀잇감을 대개 다음과 같은 것들이다.

- 물
- 흙 또는 부드러운 모래
- 나무 토막(적목)
- 그림물감과 이젤, 크레용, 도화지
- 밀가루 반죽이나 점토
- 가족을 연상하게 하는 인형들
- 봉제 동물 인형들
- 플라스틱 인형들

- 공기로 부풀려 세우고 때릴 수 있는 오뚝이

- 가면, 헌옷, 가방, 구두

- 악기류(목금 · 철금 · 북 · 피리 · 기타)

- 텐트 등 숨을 수 있는 곳

- 자동차 등 바퀴 있는 장난감

- 병원놀이 장난감과 구급차

- 공작 도구(풀 · 가위 · 색종이 등)

- 공, 풍선 등

- 뜀틀

- 각종 게임 도구들(퍼즐 포함)

위의 놀잇감들은 감정 표현을 하게 하는 도구로 쓰일 때가 많다. 특히 가족 구성원과 같은 인형은 가족 관계에서 발생한 마음의 상처를 해소하는 데 많은 도움을 준다. 예를 들면 동생을 시기하는 아이는 아기 인형을 물에 집어 넣거나 모래 속에 묻어 버리거나 실컷 때림으로써 자기 감정을 표현하고 미움을 해소하며, 아빠의 권위에 시달린 아이는 아빠 인형을 짓밟고 망치로 두드리고 차 밑에 깔아뭉갬으로써 상처 받은 자기 마음을 치유한다. 이런 놀이를 가정에서 하면 더 꾸중 들을 거리가 될 뿐이지만 놀이방에서는 그대로 받아들여질 뿐더러 동정어린 눈길로 지켜보며 아이와 공감해 주는 상담원이 있어서 좋다.

상담원

치료실에서 가장 중요한 존재는 상담원이다. 상담원은 자기 감정을 될수록 개입하지 않고 중립적으로 놀이를 지켜보며 필요한 최소한의 도움을 주는 구실을 한다. 웬만한 행동은 긍정적인 시선으로 허용하며 미소를 지으며 바라본다. 가령 아이가 아빠 인형을 물감을 푼 구정물에 집어 넣고 "아빠 빠졌다."고 하면 "그렇구나, 아빠가 물에 빠지셨구나." 정도의 반응만 보인다. 아이가 아빠 인형을 꺼내서 전신에 붉은 물감을 칠하고 피투성이가 된 아빠 인형을 보며 "피." 하면 "아빠가 피를 흘리시는구나. 병원에 갈까?" "아니야, 땅에 묻어." 해도 "○○은 아빠를 땅에 묻고 싶구나." 하고 공감해 줌으로써 아이의 마음에 큰 죄의식 없이 치유되도록 한다. 이렇게 놀고 난 아이는 그날 집에 가면 평소와 같이 아빠 무릎에 접근해 가고 아빠의 턱을 만지면서 "아빠 수염 깎아." 할 수도 있는 것이다.

동생을 시기하는 아이는 아기 인형을 물에 집어 넣거나 모래 속에 묻어 버리거나 실컷 때림으로써 자기 감정을 표현하고 미움을 해소하며, 아빠의 권위에 시달린 아이는 아빠 인형을 짓밟고 망치로 두드리고 차 밑에 깔 아뭉갬으로써 상처 받은 자기 마음을 치유한다.

아이가 물놀이를 하려고 싱크대로 다가가면 앞치마를 입혀 주며 소매를 걷어 주고 옆에서 지켜본다. 물놀이를 실컷 하고 나면 사람의 마음은 한결 부드러워지는 법이다.

어떤 아이는 밀가루 반죽을 거부하고 밀가루와 물을 달라고도 한다. 스스로 반죽을 하려는 것이다. 거기에 기름도 넣고 소금도 넣고 심지어는 자기 침도 뱉어 넣는다. 그래도 상담원은 그러한 행동을 비난하지 않아야 한다. 아이는 "내 침이니까 더럽지 않아요."라고 말하면서 신나게 논다. 신나하는 것이 중요하다.

　남을 꼬집고 할퀴어서 유치원 선생님 권유로 상담소에 온 아이가 있었다. 10주 가량(한 주에 한 번씩) 밀가루만 가지고 놀았는데 선생님에게서 "이젠 안 꼬집어요." 하는 소식이 들려 왔다. 만일 이 아이를 때려서 고치려고 했으면 과연 성공했을까? 꾸짖고 나무란다고 되는 일이었을까? 아니 선물을 주고 달랜들 될 일이었을까? 그 어느 방법보다 가장 확실한 방법은, 시간은 좀 걸릴지라도 바로 이 놀이치료법이라 할 수 있다. 왜냐하면 놀이치료법은 외부에서 가해진 압력으로 일시에 치유되는 것이 아니라 감정이 정화되면서 자연적으로 우러나온 자기의 힘으로 스스로 치유되는 방법이기 때문이다. 이에 공헌하는 상담원의 구실은 비록 가시적이지는 않지만 결코 과소평가할 수 없다. 그러니 만큼 상담원들은 인간의 심리기제에 관한 해박한 지식과 통찰력을 갖추도록 사전에 훈련하여야 한다.

놀이치료의 빈도와 횟수

놀이치료는 일 주일에 한 번씩, 한 번에 한 시간씩 하는 것을 원칙으로 한다. 실제로는 한 아이가 놀고 나간 뒤 다른 아이가 들어오기 전에 방을 정돈해야 하기 때문에 약 50분 동안 진행된다.

　그렇게 드문드문 해서 무슨 효과가 있느냐고 묻는 사람도 있지만 거의 모든 경우에 효과가 확인되고 있다. 아이 마음 속에 기쁨과 평화를 심어 주고 자존심을 회복해 주는 일이기 때문이다. 이렇게 놀고 간 아이는 일 주일 내내 그 놀이방을 기억하고

> 놀이치료법은 감정이 정화되면서 자연적으로 우러나온 자기의 힘으로 스스로 치유되는 방법이다.

다시 가는 날을 기다리며 생활할 것이다.

행동 수정 방법을 병행하는 상담원은 일 주일분 스티커를 아이에게 건네주고 시간표를 만들어 주며 집에서도 약속을 잘 지킨 날은 하늘색 스티커를 붙이고 못 지킨 날은 붉은색 스티커를 붙이도록 권유하기도 한다. 그러면 스티커를 붙일 적마다 하루의 생활을 반성도 하고 상담원의 말과 얼굴을 떠올리기도 한다. 전화 통화가 가능한 아이와는 서로 전화를 하기도 한다. 이것이 안 되는 아이는 필요하면 부모와 전화하기도 한다.

사정이 아주 급한 경우에는 예외적으로 일 주일에 두 번씩 보는 경우가 있다. 예를 들면 한 달 후에는 외국으로 떠나므로 치료를 가속화할 필요가 있다든지 방학 동안에만 치료를 받기 위해서 시골에서 올라와 있다든지 하는 경우 등이다.

인간은 본래 자율적인 본성을 지니고 태어나서 자기 스스로를 다스리는 능력을 발휘하며 성장해 간다고 믿는 철학에서 파생한 것이 비지시적 상담 non-directive counselling의 이론이다. 그리고 이런 능력은 어른에게만 있는 것이 아니라 아이에게도 있음을 믿고 적용한 것이 놀이치료 Play therapy이다.

몇 번이나 다녀야 치료가 끝나는가는 개인에 따라 다르다. 마음의 상처가 깊었던 아이일수록 또 뱃속에서부터 문제가 있었던 아이일수록 치료 기간이 길어지며 1년 이상 걸리는 경우도 있다. 평균이라는 것이 여기서는 별 의미가 없지만 약 20주 정도로 보아도 될 것이다. 그러나 단 한 번의 상담으로 치료가 되는 경우도 있고 다섯 번 치료로 효과가 매우 컸던 경우도 있었다.

한 번에 치료가 되는 경우 아이보다 엄마에게 문제가 있어 보이면 부모교육 프로그램에 별도로 참여하도록 권하는 경우가 있고, 아니면 놀이치료보다는 특수교육이 더 효과적일 것으로 보이는 경우(정신박약아 등)는 다른 교육 기관을 소개하기도 한다.

다섯 번으로 완치된 경우에는 매우 우수한 아이인데 무슨 사연이 있었는지 마음이 좀 위축되어 있던 것이 놀이치료를 받고 구름이 걷힌 듯 맑게 회복되었다. 아이는 목소리도 커지고 행동도 활발해지더니 초등학교에 들어가자 실력이 발휘되어 두각을 나타내고 학교 생활을 매우 즐기게 되었다.

이론적 배경

인간은 본래 자율적인 본성을 지니고 태어나서 자기 스스로 자신을 다스리는 능력을 발휘하며 성장해 간다고 믿는 철학에서 파생한 것이 비지시적 상담non-directive counselling의 이론이다. 그리고 이런 능력은 어른에게만 있는 것이 아니라 아이에게도 있음을 믿고 적용한 것이 놀이치료Play therapy이다. 전자의 대표적 인물로는 칼 로저스Carl Rogers를 들 수 있고, 후자의 대표적 인물로는 그의 제자인 버지니아 액슬린Verginia Axline을 들 수 있다.

사람은 그의 감정을 남이 건드리지 않는 한 바른길을 가고 좋은 일을 하며 남과 협조하며 살아가는 본성을 지니고 이 세상에 태어난다고 믿는 것이다. 혹 가다가 잘못되어 빗나가는 일이 있더라도 옆에서 자기를 이해하고 인정해 주는 사람을 만나게 되면 다시 그 본성을 회복하여 바른길로 들어서려는 노력을 스스로 하게 되는 것이라고 믿는 것이다. 상담원은 바로 이런 경우에 촉매 구실을 하게 된다.

아이를 부처로 보고 상담한다

20년 전쯤, 흑석동에 있는 원불교 서울회관 안에 처음 아동상담소 문을 열었을 때 과연 누가 올 것인가 두려운 마음이 없지 않았다. 그러나 이런 기관이 문을 열기를 기다렸다는 듯이 찾아 준 부모들이 있었고, 보도 매체의 영향도 있어서 이제는 상담을 원하는 아이가 아주 많이 늘었다.

상담소를 찾는 아이는 주로 정서장애 아이들이다. 예를 들면 성격에 결함이 있어서 유치원이나 놀이방 또는 학원에서 선생님이나 친구들의 눈총을 받는 아이, 말을 안 하거나 더듬는 아이, 손가락을 심하게 빨거나 손톱을 물어뜯는 아이, 근육이 경련(틱)을 일으키는 아이, 경기를 하는 아이, 동생이나 친구를 꼬집고 할퀴는 아이, 오줌을 못 가리고 자주 싸는 아이, 남의 물건을 훔치는 아이, 낯가림이 심하고 변화를 못 견디는 아이, 남의 놀이를 훼방하는 아이, 자기 머리를 짓찧으며 자학하는 아이, 성기를 심하게 만지는 아이 등이다. 나이는 주로 3살에서 6살이 가장 많고 초등학교 아이도 상당수 찾아온다.

대개는 준비된 방 안에서 아이와 상담자가 단 둘이서 일 주일에 한 시간씩 함께 시간을 보낸다. 엄마는 필요한 경우에만 들어오게 하거나 상담이 끝날 무렵 상담자 대신 들어가서 아이와 놀아 보게도 한다.

이때 상담자 마음속에는 시종일관 아이를 부처로 보는 정신이 깔려 있다. 구름이 가리면 해가 잠시 안 보이듯이 아이에게도 환경의 영향으로 일시적 부적응이 일어나고 있기는 하지만 따뜻한 이해와 사랑으로 지켜보고 틀림없이 좋아질 것이라고 기대하며 함께 놀아 주면 이러한 마음이 이심전심 전달되어 이르거나 늦는 차이는 있지만 반드시 서광이 비치기 시작한다. 그러면 부모들도 희망을 안고 계속 데려오게 되고 부모는 나름대로 과오를 뉘우치며 아이에게 대하는 태도를 바꾸어 간다. 그러면 치료는 가속화하고 종료기에 들어간다.

상담자 마음속에는 시종일관 아이를 부처로 보는 정신이 깔려 있다.

사람과 무난히 어울리는 성품의 소유자가 되는 일은 대체로 취학 전에 가꾸어지며 뒷날 사회 생활을 원만하게 해 나가는 데 크게 도움이 되는 자질이므로 어려서부터 친구와 잘 사귀도록 유도할 필요가 있다. 다만 큰 아이들하고만 놀면 지도력을 발휘할 기회가 없고 어린아이하고만 놀면 지나치게 지배적이 되기 쉬우므로 또래와 놀 수 있는 기회를 충분히 갖도록 하고, 때로는 연령 차가 있는 아이들과도 어울리게 하는 것이 좋다.

제2장 **아이를 생각하는 가정교육**

아이들의 권리

엄마젖을 먹을 권리

임신 기간 동안 자궁으로 흘러들어가서 태아를 양육하던 영양분은 아기의 탄생과 동시에 그 진로를 바꾸어 유방으로 모여들고 엄마의 젖꼭지를 거쳐 아기의 입으로 흘러들어가 양육을 계속한다. 자궁으로 흘러들어가는 영양분은 피이고 유방을 통해서 나오는 영양분은 젖이라 한다. 전자는 붉은색이고 후자는 흰색이지만 그 성분은 크게 다를 바 없고 아이가 성장하는 데 충분한 절대적 영양소이다.

이 얼마나 신기한 조물주의 솜씨인가. 이 젖만 빨아먹으면 아기에게 몇 달 동안 일체 다른 음식은 필요가 없다. 신의 섭리로 전염병에도 안 걸리고 무럭무럭 자랄 뿐이다.

젖의 대용품 중에 가장 대표적인 것이 우유이다. 우유에는 엄마의 젖이 함유하고 있는 항체가 없으므로 우유를 먹는 아기는 일찍부터 각종 전염병을 예방해 주어야 하고 영양도 부적절해서 여러 가지 이유식을 곁들여 먹여야 한다. 게다가 인공수유는 엄마품에 포근히 안겨서 젖을 빼는 엄마젖 수유에 비할 바가 못 되어 아기가 정서장애가 올 수도 있다. 우유는 최후 수단으로나 쓸 궁여지책인데 현재는 지나치게 남용되고 있어서 문제이다.

깨끗한 기저귀를 찰 권리

아기는 대소변 가리는 능력이 없기 때문에 기저귀를 차야 하며 그 기간은 1
년 내지 2년이다. 문화에 따라서는 건축 구조(다다미방)상 이 기간을 단축하
려는 노력을 지나치게 하는 나라도 있는데 이것은 아기의 정신위생에 좋지
않다. 또 너무 일찍 대소변 훈련을 심하게 강요하면 욕심 많은 아이, 공격적
인 아이 또는 결벽증이 심한 아이로 자라게 할 염려가 있고, 심하면 남의 물
건을 훔치는 버릇이 있는 아이가 된다.

　기저귀를 적당히 갈아 주어 청결한 기분을 느끼며 자라게 해 주는 일은
부모의 의무 중 하나이다. 기저귀는 흡수성이 좋아야 하지만 일회용 기저귀
는 아무리 흡수성이 좋다고 하더라도 오래도록 채워 두기 쉽기 때문에 비위
생적이고 아기에게 신경질이 생길 위험성이 있다.

탐색할 권리

아기가 기어다니기 시작하면 가만두는 것이 없
다. 무엇이든 만져 보고 핥아 보고 쏟아 보고 열
어 보고 두드려 보고 던져 보고 해야만 직성이
풀린다. 이것은 호기심에서 시작되는 일인데 어

아기를 잠시도 혼자 내버려 두지 말
아야 하며, 항상 누군가가 곁에 있으
면서 재미있게 탐색할 수 있도록 도
움을 주어야 하고 이것이 학습의 시
작임을 알아야 한다.

른의 처지에서는 환영하기 어려운 행동이다. 이럴 때는 귀중품이나 위험한
물건 등을 미리 높은 곳, 안 보이는 곳에 치워놓아 아기가 마음놓고 활동할
수 있는 공간을 보장해 주어야 한다. 그와 동시에 나이에 맞는 장난감도 주
어야 한다. 그렇지만 아기는 같은 장난감에 싫증을 느끼고 가재도구나 살림

살이, 온갖 소품들에 매력을 느낀다. 이런 때는 아기를 잠시도 혼자 내버려 두지 말아야 하며, 항상 누군가가 곁에 있으면서 재미있게 탐색할 수 있도록 도움을 주어야 하고 이것이 학습의 시작임을 알아야 한다.

물어볼 권리

말을 시작하게 되면 아이는 질문을 많이 한다. 세 살짜리 아이는 하루에 약 300회를 물어보고 네 살짜리 아이는 약 400회를 물어보더라는 보고가 있다. 세 살 때는 주로 '이거 뭐야?' '저 사람 누구야?' 정도의 단순한 질문을 하지만 만 네 살이 되면 '왜?' '어떻게?' '어디로?' '누가?' '언제?' 등 다양하게 질문을 하게 된다.

부모가 몰라서 대답을 못 하겠으면 알 만한 사람에게 함께 물어볼 수도 있고 책에서 답을 구할 수도 있다. 모르는 것이 부끄러운 것이 아니라 답을 찾는 방법을 모르는 것이 부끄러운 일임을 명심하자.

어른들이 가장 어려워하는 질문은 하느님 · 죽음 · 출생 등에 관한 것이다. "나는 어떻게 해서 생겨났어?" 하는 물음은 거의 모든 부모를 당황하게 하지만 사실대로 대답해 주는 것이 가장 바람직하다. "너는 엄마 뱃속에서 생겨서 나왔어." 하고 지극히 자연스럽게 대답해 주면 "응, 그렇구나." 하고 끝나는 아이도 있고 "어디로 나왔어?" 하는 아이도 있다. 이것은 결코 짓궂어서 묻는 것이 아니고 단순히 알고 싶어서 묻는 것뿐이니까 역시 사실대로 말해 주어야 옳다. "엄마 다리 사이에 아기 나오는 길이 있어서 그리로 나왔어." 좀 큰 아이라 자세히 알고 싶어하면 "너도 다리 사이에 오줌 나오는 길, 똥 나오는 길 다 따로 있지? 엄마는 아기 나오는 길이 하나 더 있어." 할 수도 있다.

부모가 몰라서 대답을 못 하겠으면 알 만한 사람에게 함께 물어볼 수도 있고 책에서 답을 구할 수도 있다. 모르는 것이 부끄러운 것이 아니라 답을 찾는 방법을 모르는 것이 부끄러운 일임을 명심하자.

놀 권리

아이에게 놀이는 생명과 같은 일이다. 놀지 않는 아이는 아픈 아이일 것이다. 실컷 논 아이는 마음에 여유가 있고 활기가 넘치며 문제 해결의 능력도 뛰어나 동물 실험에 따르면 놀이를 억제당한 한 마리가 전체를 교란하고 질서를 어지럽힌다고 한다. 인간 사회에서도 제대로 놀지 못한 아이가 질서를 못 지키고 범죄를 저지를 위험이 더 많은 것이 아닐까.

정서적으로 병든 아이를 고치는 데 놀이를 통한 치료가 효과가 있는 것을 보아도 놀이가 얼마나 아이들에게 중요한가를 알 수 있다.

놀이는 허용해야 하고 권장해야 한다. 실컷 노는 동안에 지능도 발달하고 사회성도 발휘되며 적응력이 풍부해진다. 어려서 잘 놀지 못한 사람은 성인이 된 후 놀이에 지나치게 빠져들 수 있다. 그것도 대체로 불건전한 도박이나 주색에 빠져드니 걱정이다.

정서적으로 병든 아이를 고치는 데 놀이를 통한 치료가 효과가 있는 것을 보아도 놀이가 얼마나 아이들에게 중요한가를 알 수 있다.

아이에게 '편안한 자아'를 선물하라

아이의 욕구를 충족시켜 주어야 한다

신생아는 배가 고프면 몹시 운다. 이때 얼른 젖을 주면 힘차게 빨아먹고 만족한 듯이 잠이 든다. 이런 경험이 되풀이되면 자아가 만족하여 건강하고 순한 아이로 자란다. 조금 크면 오줌이나 똥을 쌌을 때도 신호를 보낸다. 물론 엄마가 재빨리 알아차리고 또 적절한 처리를 해 주어야만 아기가 계속 신호를 하지, 안 해 주면 신호도 끊어지고 아기의 자아는 멍든다.

배가 고파서 몹시 울어도 바로 반응해 주지 않는 일이 되풀이되면 아기는 우는 행위의 의미를 잃고 자아도 위축된다. 기저귀가 젖어서 칭얼거려도 얼른 안 갈아 주는 일이 되풀이되면 지저분한 것을 참고 견디다가 그것이 아무렇지도 않게 되어 청결을 배우는 능력을 잃게 된다. 사람이 그리워서 울고 안아 달라고 보채어도 모른 체하면 아예 체념하고 자폐의 늪에 빠질 수도 있다. 이런 일들이 모두 아이의 자아를 상실하게 하는 것이다. 아이가 순하다고 착각을 하고 편한 것만 취하다가는 발달을 자극하는 기회를 놓쳐 버리는 수가 있다.

식물이 비료와 수분과 햇빛을 적당히 받아야 자라듯이 사람은 음식과 애정과 새로운 경험 등으로 자라난다. 먹고 자는 것만으로는 부족하므로 어른이 들여다보며 옹아리를 시키고 만져 주면서 눈을 마주치며 미소짓고 저절로 소리가 나오도록 자극을 주어야 한다. 잘하면 손뼉도 쳐 주고 안아도 주고 가볍게 흔들어도 준다. 첫아기는 이것이 때로 지나칠 염려가 있지만 둘째, 셋째는 좀 부족할 염려가 없지 않다.

아기의 기본적 욕구를 어른이 적절히 채워 주면 아기는 사랑받고 있다고 느끼게 되어 만족해서 잘 자라고, 재롱도 늘고, 말도 늘어 귀여움을 독차지하게 된다. 이런 아기는 마음이 편하니까 정서적으로 안정이 되어 비교적 공포심이 적고 호기심이 많으며 학습 능력도 순조롭게 발휘한다. 어른의 말도 잘 듣고 매사에 비교적 협력적이다. 세 살이 되어도 말이다.

반대로 기본적인 욕구가 충족되지 않은 아기, 예를 들면 먹고 싶을 때 먹고 싶은 만큼 못 먹은 아기, 졸릴 때 충분히 자지 못한 아기, 젖은 기저귀를 오래 차고 있던 아기, 놀아 주는 이가 없는 아기, 장난감이 없는 아기 등은 아무래도 정서가 불안정하여 짜증이 많고, 말도 늦고, 신경증적 버릇이 있게 마련이다. 예를 들면 손가락을 심하게 빨거나 손톱을 물어뜯는 경우도 있고, 엄마에게서 잠시도 안 떨어지려는 불안증을 보이는 경우도 있고, 말을 안 하는 경우도 있다.

아이가 대소변을 가리기 시작하는 것은 대개 18개월에서 24개월 사이이다. 다만 이 무렵에 동생을 보거나 이사를 하거나 그 밖에 환경에 변동이 있을 때는 좀더 늦어지는 것이 보통이다. 이보다 일찍 훈련해서 성공하는 사례도 있기는 하나 후유증이 남기 쉬우므로 조심해야 한다.

대소변을 가리려면 우선 본보기가 필요하다. 어른들이나 언니가 어디서 어떻게 볼일을 보는지, 뒤처리는 어떻게 하는지 자연스럽게 볼 기회가 있는 것이 좋다. 따라서 아기가 화장실에 따라 들어오는 것을 엄격히 통제할 일이 아니라 때때로 허용해서 본을 보게 함으로써 자기도 그렇게 해 보고 싶은 마음이 나게 해야 한다. 그런 마음이 생기면 준비했던 작은 변기를 제공하며 거기 앉도록 유도한다. 싫어하면 강요하지 말고 좀 미루는 것이 좋다. 한 달 후에 다시 시도해 볼 수 있는 일이다. 아기가 협조적일 때는 칭찬을 하며 계속 하게 한다. 대개는 대변부터 가리고 뒤에 소변을 가리는 것이 순서이다.

배가 고파서 몹시 울어도 바로 반응해 주지 않는 일이 되풀이되면 아기는 우는 행위의 의미를 잃고 자아도 위축된다.

이 과정에서 지나치게 일찍 강요하거나 실수했을 때 매질하거나 무안을 주거나 하면 성격이 비뚤어지기 쉽다. 너무 일찍 훈련받은 아이들은 지나친 결벽증 때문에 자기 이부자리가 아니면 잠들지 못하거나 자기 수저가 아니면 밥을 못 먹는 아이가 될 수 있다. 또 강제로 훈련받은 아이는 나중에 훔치는 버릇이 생기거나 욕심이 많아져서 자기 것을 조금도 양보 못 하는 아이가 되기도 한다. 아기는 자기가 배설한 것에 대해 강한 애착을 느끼므로 그것을 빼앗기지 않으려고 어른에게 반항을 하게 되고, 자기 물건을 고수하고 욕심을 부린다.

호기심을 지적 발달의 기회로 만든다

다행히도 이런 아이를 치료할 수 있는 방법이 있다. 물과 흙 또는 밀가루와 물 등을 가지고 실컷 놀게 하는 일이다. 물과 흙은 빼앗긴 배설물을 상징한다. 아이는 그것을 마음껏 가지고 노는 사이에 자기도 모르게 잠재되었던 감정이 풀어지고 마음이 편안해진다. 밀가루는 이것을 대신한다. 반죽을 만들어 주어도 좋지만 스스로 반죽하도록 도와 주는 것도 한 방법이다. 상담소에 왔던 여자아이 하나는 자기가 반죽하는 것을 매우 즐겼는데 하루는 여러 가지 물감을 섞어서 밀가루 반죽을 만들었다. 거의 아기똥과 똑같은 색깔과 농도로 만들었는데, 그것을 거침없이 만지며 노는 것이었다. 그 후 밀가루 반죽을 여러 가지 색으로 되풀이해서 만들더니 남을 해치는 버릇이 고쳐지고, 지나친 욕심도 부리지 않게 되었다.

어른이나 아이나 기본 생리가 편안해야 마음도 편하다. 배고플 때 먹고, 졸릴 때 자고, 싸고 싶을 때 싸는 기본 생리는 아기에게서는 더욱 존중되어야 한다. 어른은 상황에 따라 스스로 조절하는 능력이 발달되어 있지만 아기는 그것이 편하게 이루어지지 않으면 신경증이 생기게 된다. 출생 후 1~2년은 이 기본 생리를 존중해 주면서 그것을 조절할 수 있는 능력을 길러 주는 것이 무엇보다 급선무이다. 그 뒤에 예의 범절과 사회성을 배워도 늦지 않다. 글자와 셈을 배우는 일은 더 나중의 일이다.

> 물과 흙은 빼앗긴 배설물을 상징한다. 아이는 그것을 마음껏 가지고 노는 사이에 자기도 모르게 잠재되었던 감정이 풀어지고 마음이 편안해진다.

인간이 사회적 동물이라 해도 우선은 자기 자신의 편안함이 중요하다. 수도하는 과정에서도 자신과의 싸움이 우선이듯 자아의 편안함이 정신위생상 타인과의 편안함보다 앞선다고 본다.

아기가 태어나서 1~2년 자라는 동안에 부모가 줄 수 있는 가장 큰 선물이 있다면 '편안한 자아'일 것이다. 이것이 세상을 살아가는 데 있어서 가장 값진 자산이기 때문이다.

세 살쯤 되면 호기심과 탐색하는 욕구가 커져서 활동의 범주가 넓어진다. 집 안에 있으려 하지 않고 눈만 뜨면 나가고 싶어하고 친구도 필요해진다. 어른들이 이 필요를 다 채워 주려면 너무 힘이들고, 위험해서 아이 혼자 내보내지 못하는 경우 갈등이 생길 수 있다. 이때 아이가 자기 주장을 세게 하면 자아가 싹터서 그렇다고 하지만 그것보다는 늘어나는 호기심을 충족하고 집 밖의 세상에 적응하려니까 자연 요구가 많아진 것이다. 이때가 사회성을 기르면서 지적으로도 크게 발달할 수 있는 절호의 기회이므로 어른들은 다소 자기 희생을 감내하고라도 아이의 성장 기회를 보장해 줄 필요가 있다. 어른들이 먼저 협조적으로 행동할 때 아이들도 자연 협조적으로 나오게 마련이다.

어떤 아빠는 세 살짜리의 재롱이 귀여워서 '항상 세 살짜리 하나씩은 있으면 좋겠다.'고까지 말한 사람도 있다. 아이는 기르기 나름이지 세 살짜리라고 반드시 말썽꾸러기라고 일반화할 필요는 없다.

출생 후 1~2년은 이 기본 생리를 존중해 주면서 그것을 조절할 수 있는 능력을 길러 주는 것이 무엇보다 급선무이다. 그 뒤에 예의 범절과 사회성을 배워도 늦지 않다. 글자와 셈을 배우는 일은 더 나중의 일이다.

영유아기의 정서적 사회적 발달

영유아기는 불과 5~6년에 지나지 않지만 이 기간 동안에 인생의 기초가 거의 이루어진다고 해도 과언이 아니기 때문에 매우 중요한 시기이다. 정서적으로는 희횸 · 노怒 · 애哀 · 락樂 · 애愛 · 오惡 · 욕慾의 칠정을 수용하고 구사하여 균형 있는 감정 생활을 영위할 기초가 구축되어야 하며, 사회적으로는 부모, 가족, 친척, 이웃, 또래와 사귀면서 의사소통과 애정 교환을 원활히 할 수 있는 능력이 길러져야 하는 시기이다.

정서 발달

신뢰감의 발달 처음 일 년은 엄마 품에서 젖을 먹고 자라는 경험을 통하여 아기는 신뢰감을 갖게 된다. 아기의 오관 중 가장 발달되어 있는 것은 촉각이고 그중에서도 입술의 촉각은 매우 민감하여 입으로 젖꼭지를 찾아 물고 빨아대는 일을 서슴없이 잘한다.

프로이트는 이 시기를 구순기口脣期라 하여 이 시기에 입술을 통하여 만족을 얻어야 행복한 인생을 살 수 있다고 하였다. 엄마 젖꼭지를 실컷 빨지 못한 아기는 가짜 젖꼭지나 손가락을 빨아야 하고 그것도 못하면 매우 불안한 성격의 소유자가 되기 쉽다. 이 불안을 해소하기 위하여 어른이 된 후에도 술,

담배, 껌 등 입을 만족하게 하는 행동을 많이 하는 구순기적 성격의 소유자가 된다는 것이다.

첫해에는 엄마와의 밀접한 접촉에서 신뢰감을 얻어야만 커서 다른 사람과의 관계도 신뢰를 바탕으로 이룩할 수 있다. 이때 사랑이 부족하면 아기의 성격은 위축되기 쉽고 주변 사람을 불신하는 비사회적 성격의 인간이 될 수 있다. 그러므로 우는 아기에 대해서는 즉각 반응을 보임으로써 편안하게 해 주고 엄마를 믿는 마음이 싹트도록 도와 주어야 한다.

빈 방에 아기를 혼자 두는 것은 주야를 막론하고 삼갈 일이다. 아기는 무서워서 몹시 울다가 공포에 질리면 자다가도 놀라 깨어나게 되고 심하면 경기를 하게 되므로 조심해야 한다.

자율감의 발달 아기는 먹고 싶을 때 먹고, 싸고 싶을 때 싸고, 자고 싶을 때 잘 수 있는 Self-demanding Schedule 환경에서 자라야 자율적인 인간으로 성장한다. 배고파서 울어도 시간이 안 되었다고 젖을 안 주거나, 때가 아닌데 쌌다고 때리거나, 졸린데도 못 자게 하면 자기 의견보다는 남의 의견을 존중하는 타율적인 인간이 되기 쉽고 아니면 반항적인 인간이 된다.

프로이트는 이 시기를 가리켜 항문기肛門期라고 하고 아기의 신경이 항문에 집중되는 시기이므로 대소변을 가리는 훈련을 너무 심하게 하면 아기가 결벽증에 걸리거나 도벽이 생기기 쉽다고 하였다. 즉 자기 생리를 자기가 마음대로 못하고 남의 의사대로 해야 하는 부자유가 아이로 하여금 반항적 성격의 소유자가 되게 하고 남의 인권이나 소유권을 침해하는 파렴치한 사람으로 만든다는 것이다.

대소변의 배설을 심하게 채근당하면 자기 것을 빼앗겼다는 피해의식이 잠재되기 때문에 결국 남의 것을 빼앗아야만 직성이 풀리는 사람이 될 수 있다. 만약 이 시기에 성격이 잘못되었거나 도벽이 생기기 시작한 아이가 있다면 흙장난 · 물장난 · 찰흙놀이 · 밀가루반죽놀이 등을 많이 하게 하는 것이 효과가 있다. 흙과 물은 빼앗긴 대소변과 감촉이나 색깔이 흡사하여 그것을 되찾은 충족감을 줄 수 있기 때문이다.

창시감의 발달 아기는 1, 2년 사이에 자신이 남자인지 여자인지를 알게 되고 아빠하고 같은지 엄마하고 같은지도 알게 된다. 3, 4세가 되면 남자아이는 아빠를 흉내내고 여자아이는 엄마를 흉내내며 소꿉놀이에 열중하는 동안에 자연스럽게 자기가 장차 맡을 역할 등을 연습해 보게 된다. 가정에서의 역할뿐 아니라 직업과 관련하여 미래에 대한 꿈을 꾸기 시작하고 자기 이미지를 형성해 가게 된다.

따라서 이때 좋은 본보기가 주위에 많으면 꿈도 바람직하게 꾸지만, 한정된 환경에서만 생활하면 자연히 생각도 좁은 테두리를 벗어나지 못한다. 가급적 여러 사람을 만나 보고 여러 가지 경험도 하고 낯선 곳에도 가 보게 하여 견문을 넓혀 줄 필요가 있다. 그러면 진취적 성격이 형성되고 호기심이 확대되어 새로운 것을 추구하는 마음이 생기지만 좁은 환경에 머물면 그만큼 움츠러들 수밖에 없다.

아기의 신경이 항문에 집중되는 시기이므로 대소변을 가리는 훈련을 너무 심하게 하면 아기가 결벽증에 걸리거나 도벽이 생기기 쉽다고 하였다.

이 시기에는 질문이 많고 모험심도 생기는데 어른이 참을성 있게 대응해 주어야만 좌절을 느끼지 않는다. 어른이 잘 모르는 일을 질문받으면 함께 책을 찾아보거나, 알 만한 사람에게 묻거나 하여 어디에서 해답을 얻을 수 있는지 방법을 가르치는 슬기가 필요하다.

사회성 발달

옹아리 아기는 보통 1, 2개월 사이에 옹아리를 시작한다. 이는 사람을 알아보고 좋아하기 시작한다는 증거이다. 혼자 있는 시간이 많은 아기나 어른의 자극이 부족했던 아기는 오래도록 무표정하다. 이때 이미 사회성이 발달하기 시작하는 것이니 어리다고 내버려 둘 일이 아니라 들여다보며 말을 해 주어야 한다.

낯가림 5, 6개월이 되면 자주 보던 사람과 처음 보는 사람을 구별하게 되고 낯선 사람을 보면 삐죽거리며 울기도 한다. 2, 3개월이 지나면 이러한 행동은 하지 않지만 낯선 사람을 기피하고 불안해하는 행동은 계속된다. 자기방어의 기제가 발달하는 과정이다. 만일 낯선 사람에게서 해를 입은 경험이 있으면 이러한 행동은 더욱 두드러질 것이고 아니면 차츰 여러 사람과 친하게 지내는 습성이 길러질 것이다.

혼자놀이 아기는 첫해에는 친구가 필요하지 않고 어른의 도움을 받으며 혼자 노는 시간이 많다. 그러나 남들이 놀고 있는 것을 지켜보기는 한다.

나란히놀이 두 해째가 되면 옆에 친구가 있는 것을 좋아하지만, 활발하게 교섭하지는 않고 서로 쳐다보며 노는 방법을 흉내내기는 한다. 그러다가 옆의 아이가 놀이를 그만두면 자기도 중단하는 경향이 있다.

연합놀이 두 명 이상의 아이가 함께 놀지만 지도적 위치에 서는 아이가 없는 경우이다. 서로 이야기를 주고받기도 하고 장난감을 빌리기도 하고 빌려 주기도 하지만 제각기 자기 놀이에 열중하여 비교적 교섭이 적다. 대개 3~4 세 아이에게서 많이 볼 수 있다.

협력놀이 지도력 있는 한두 명의 아이가 지휘자가 되어 이루어지는 조직적 인 놀이로서 아이마다 한 가지씩 역할을 맡아서 놀게 된다. 예를 들면 학교 놀이, 병원놀이, 상점놀이, 기차놀이, 가족놀이 등이다. 아이는 여기에 낄 수 있으면 소속감을 느끼고 못 끼면 소외감을 느낀다. 대개 4~6세 아이들이 활 발하게 하는 놀이이다.

대체로 혼자놀이와 나란히놀이는 나이가 들면 빈도가 줄어드는 대신 연 합놀이와 협력놀이는 증가하는 경향이 있다.

사람과 무난히 어울리는 성품의 소유자가 되는 일은 대체로 취학 전에 가 꾸어지며 뒷날 사회 생활을 원만하게 해 나가는 데 크게 도움이 되는 자질 이므로 어려서부터 친구와 잘 사귀도록 유도할 필요가 있다. 다만 큰 아이 들하고만 놀면 지도력을 발휘할 기회가 없고 어린아이하고만 놀면 지나치 게 지배적이 되기 쉬우므로 또래와 놀 수 있는 기회를 충분히 갖도록 하고 때로는 연령차가 있는 아이들과도 어울리게 하는 것이 좋다.

아이의 성격장애는 부모가 만든다

유전과 환경의 영향

사람은 저마다 성격이 다르다. 같은 용모를 가진 사람이 없는 것처럼 같은 성격을 가진 사람도 없다. 이것을 우리는 개성이라 한다. '개성'은 유전과 환경에 따라서 다르게 빚어진다. 이 두 가지 요인 중 어느 것이 성격에 더 많이 영향을 미치는가 하면 환경일 것이다. 체격이나 지능 등은 유전의 영향을 더 받는 것으로 믿어지고 있지만, 성격이나 사회성은 후천적 환경의 영향이 더 클 것으로 짐작되고 있다.

그렇지만 유전도 역시 성격을 좌우한다. '타고난 성품'이라는 말을 우리는 자기도 모르게 쓰는 수가 있다. '천성'이라고도 하는 것이 바로 그것일 것이다. 생리학적으로 말하자면 내분비선에서 분비되는 여러 가지 호르몬이나 그 밖의 분비물의 내용에 따라 사람의 됨됨이가 다르고 자극에 대한 반응의 속도와 방법이 다르다.

신생아실에서, 환경이 같아도 아기마다 행동이 다를 수 있는 것은 벌써 유전적 영향이 작용하고 있기 때문일 것이다. 어떤 아기는 더 활동적이고 더 자주 울고 쉽게 주의가 분산되며 새로운 대상과 사람을 받아들이지만, 어떤 아기는 눈에 띄게 조용하고 한 가지 일에 계속 주의 집중하며 새로운 것은 무엇이든 경계한다. 이러한 기질상의 특징은 신생아에게서도 관찰되지만 20년 동안 발달 과정을 추적해 보아도 역시 마찬가지더라는 연구 보고를 한 학자도 있다. 또 일란성 쌍둥이는 이란성 쌍둥이보다 정서적 반응성, 활동 수준과 사회성에서 훨씬 더 비슷한 경향을 보이더라는 보고도 있다. 결국 이는 성격의 선천성을 지지하는 말이다.

그러나 환경이 후천적으로 성격에 영향을 미치는 바는 훨씬 더 클 것이고, 그러한 결과를 찾아보기는 어렵지 않다. 예를 들면 가정에서 자라난 아이들과 보육원에서 자라난 아이들 사이에 성격상의 일반적인 차이가 있다면(학자들은 흔히 차이가 있다고 단정한다.) 이것은 어디까지나 환경이 빚어낸 차이일 것이다.

우리는 부모로서건 교사로서건 또는 사회사업가로서건 이미 태어난 아기의 유전에 영향을 미칠 재간은 없다. 다만 어떻게 최선을 다해서 좋은 성격의 소유자로 길러 줄 것이냐, 혹시 이미 어떤 이유에서든지 성격에 장애가 있는 아이라면 어떻게 교정해 줄 것이냐 하는 고민과 책임을 안고 있을 뿐이다.

성격장애의 일반적인 원인

성격장애를 초래하게 되는 일반적 원인을 정신분석학의 이론에 근거해서 살펴보자.

프로이트는 아기들은 태어난 후 약 1년 동안(구강기) 쾌락원칙快樂原則의 지배를 받는 행동을 한다고 말했다. 즉 아기는 본능적으로 자기에게 쾌락을 주는 행위를 즐겨 찾아 하게 되고, 만일 이것이 방해를 받으면 성격이 비뚤어 진다는 것이다.

아기가 느끼는 본능적 쾌락 가운데 가장 큰 것은 식욕을 채우는 일이고, 이것은 엄마 품에서 젖을 빨아먹음으로써 채워진다. 따라서 배고파 울 적마다 젖을 주고 배부르도록 충분히 빨아먹을 기회를 준다면 아기의 일차적 욕구는 채워지는 셈이다. 이렇게 충분히 젖을 빨 수 있었던 아기는 만족하여 아울러 엄마를 믿고 좋아하는 아기로 자란다.

반대로 젖을 충분히 못 먹고 배고픈 고비를 많이 넘긴 아기라면 표정이 밝지 못하고 불만과 불신에 싸여 잘 웃지 않기 마련이다. 이 욕구불만을 채워 보려고 손가락을 입에 넣고 빨거나 울거나 하지만, 울다 지치면 안으로 움츠려드는 달팽이 같은 성격이 되어 심하면 자폐 현상이 나타날 수도 있다.

엄마와의 관계가 원활한 아기는 옹알이도 일찍 하고 언어 능력도 잘 발달하지만, 혼자 있는 시간이 많고 사람과의 접촉이 많지 않은 아기는 말도 늦고 표정도 없고 지능 발달도 더딜 수밖에 없다. 따라서 나중에 친구도 잘 사귀지 못하고 사회성 발달도 더디게 된다.

이 첫해의 불만이 해소되지 못하면 결국 아기는 구강기적口腔期的 성격의 소유자가 된다. 즉 어릴 때는 손가락을 많이 빨거나 손톱을 물어뜯거나 하고, 조금 크면 껌이나 오징어 등을 씹으면서 입을 놀리기 좋아하고, 어른이 되면 술, 담배에 빠질 우려가 많다고 한다. 결국 입으로 얻는 만족을 일생 추구하게 되는 것이다.

그러므로 첫해에는 배고파 울 적마다 품에 안고 젖을 충분히 먹이는 일이 무엇보다 중요하다고 할 수 있다. 만일 젖이 부족하면 우유로 보충할 수도 있으나 일단은 젖을 물려서 빨고 싶은 본능을 어느 정도 충족시킬 필요가 있다.

그러나 부득이 우유로 키워야 할 때에는 엄마젖을 먹이는 자세로 눈을 마주치며 아기와 이야기를 나누면서 먹이는 것이 중요하다. 이는 엄마가 아기에게 젖을 줄 때 따뜻한 피부 접촉이 아기에게 안정감과 사랑을 전달해 주어 아기의 성격 형성에 크게 이바지하기 때문에 그와 같은 효과를 주기 위해서이다.

첫돌이 지나 항문기肛門期에 접어들면 현실원칙現實原則이 지배한다고 프로이트는 말했다. 이 시기에는 아이의 관심이 입에서 항문으로 옮겨 가서 먹는 일보다 배설하는 일에 더 많이 관심을 보인다. 입은 소화기의 입구이고 항문은 소화기의 출구인 셈이니 둘은 서로 통하는 기관이기도 하다.

이 시기에 아이는 배변 훈련을 받아야 하며, 그 과정에서 처음으로 부과되는 부모의 사회적 통제를 경험한다. 이제는 기저귀나 바지에 싸서는 안 되고 반드시 변기나 지정된 장소에 앉아서 변을 보아야 하는 것이다. 이때 아이는 변을 참다가 일정한 장소에서 배출하고 칭찬받는 일에서 만족을 얻는다.

이 배변 훈련의 순서는 대개는 대변 가리는 일부터 시작해서 소변 가리는 일로 옮겨 가고, 시기는 1년 6개월에서 2년 사이에 시작되나 훈련이 끝나는 것은 세 돌이 가까워야 한다. 이 시기를 너무 일찍 잡으면 아이는 자주 실수하게 되므로 자신이 없어지고 죄책감에 사로잡히게 되므로 정신위생에 좋지 않다. 반대로 너무 늦게 잡으면 지저분하고 의존적인 아이가 되기 쉽다.

훈련 방법이 너무 엄격하여 실수할 적마다 때리거나 벌을 주면 결벽증이 생겨서 어디에도 적응하기 어려운 사람이 된다. 예를 들면 수세식 화장실이 없는 곳에 가면 배변도 못하고 무리하게 참다가 변비에 걸리거나, 남의 집에 가면 잠자리가 달라서 잠을 못 이루는 사람이 될 수도 있다. 반대로 타개바지나 입혀 두고 도무지 훈련을 안 시키고 내버려 두면 맺고 끊는 일을 잘하지 못하는 사람이 되기 쉽다.

그러므로 적기에 적절한 훈련을 시켜서 일정한 장소에서 배변할 줄 아는 협력적인 아이로 키워야 한다. 그래야 자아가 발달한다.

이와 같이 성공하려면 첫해에 모자간의 신뢰와 사랑이 돈독해야 한다. 사랑 없이 심하게만 하면 변을 빼앗겼다는 생각에 뒷날 남의 것을 훔치거나 빼앗기를 좋아하는 사람이 될 염려가 있기 때문이다.

항문기의 다음 단계는 생식기기生殖器期 또는 남근기男根期라고 하여 3~6세의 유아기에 해당한다. 이 시기에 양심이 형성되어야 한다. 거짓말을 하거나, 훔치거나, 욕을 하거나, 형제끼리 싸우면 부모에게서 심한 제재를 받게 되며 이것이 되풀이되는 동안에 아이의 잠재의식이 내면화되어 마침내 스스로 통제할 수 있는 사람이 된다. 이것이 자아와 이상을 통합하는 과정이고 여기에서 양심이 싹트며 잘못한 행동에 대해서는 죄의식을 느끼게 된다. 이것을 '초자아超自我'라고 한다.

이 시기의 행동 특징은 생식기를 발견하고 만지고 쾌감을 얻으려는 행위를 하는 것이다. 그러나 그러한 행위는 제재를 받게 되고 남이 보는 데서는 못하게 되고 결국 아이의 마음 속에는 그 행위에 대한 부모의 가치 체계가 내면화하게 된다. 만일 이것이 이루어지지 못하면 큰일이다. 나쁜 일을 자행하고도 양심의 가책을 받지 않는다면 죄악의 소굴에 빠지게 되기 때문이다.

부득이 우유로 키워야 할 때에는 엄마젖을 먹이는 자세로 눈을 마주치며 아기와 이야기를 나누면서 먹이는 것이 중요하다.

이 시기에는 필요하면 매를 들어서라도 해서 안 되는 일은 못하게 해야 한다. 그래서 사회의 도덕률에 합일하는 인격을 배양해야 한다. 그러나 훈련 방법이 너무 엄격하고 극단적으로 심하면 아이는 정직하기는 하나 융통성이 없고 유머 감각도 없는 고지식한 사람이 되기 쉽다. 되도록이면 부모가 행동으로 모범을 보이고 선악의 판단을 대화로 터득하도록 해야 한다.

만일 항상 매를 맞고 욕을 먹는 아이라면 매에 대해서도 감정의 면역이 생겨 매를 크게 두려워하거나 반성의 계기로 삼기보다는 오히려 부모에 대해 반항심과 복수심만 생길지도 모른다. 이는 반사회적 행위를 자행하는 아이로 기르는 결과가 되기 쉽다.

성격장애의 극복

이상의 내용을 간추려 보면, 구강기의 욕구불만은 신뢰감이 부족하고 타인과의 감정 교류가 서툰 아이가 되기 쉽고, 항문기의 욕구불만은 훔치는 아이이거나 반항적인 아이, 생식기의 욕구불만은 양심이 부족한 반사회적이고 공격적인 아이가 되기 쉽다. 이들은 모두 성격장애라고 볼 수 있다.

이런 증세가 심해지면 의사나 카운슬러의 도움이 없이는 사회 적응이 어려운 지경에까지 이를 수도 있다. 이러한 상태를 극복하도록 도와 주는 방법으로 아이에게 적용할 수 있는 으뜸 가는 방법은 놀이치료와 특수교육이라고 할 수 있다.

놀이치료는 상담자가 아이와 일 대 일의 상호 대인 관계로 아이의 자아를 회복시켜 주는 과정이며, 놀이(유희)라는 매개를 통해서 하게 된다. 놀잇감이 다양하게 준비된 놀이방(치료실)에 들어가서 아이가 놀잇감을 마음대로 선택하고 어떤 방법으로든지 마음 내키는 대로 가지고 놀도록 허용하는 데서 시작된다. 빈도는 일 주일에 한 번 내지 두 번 정도이고, 한 번에 한 시간씩 노는 것을 원칙으로 한다. 이때 상담자의 깊은 이해력과 재치 있는 도움이 필요하지만, 무엇보다도 아이를 있는 그대로 받아들이는 사랑이 중요하다.

> 놀이치료는 상담자가 아이와 일 대 일의 상호 대인 관계로 아이의 자아를 회복시켜 주는 과정이며, 놀이(유희)라는 매개를 통해서 하게 된다.

이렇게 해서 심각한 감성 폐쇄의 늪에 빠져 있던 아이를 구출해 낸 실화가 〈딥스〉라는 책에 생생하게 그려져 있다. 상담자 액슬린 여사의 수기로 엮어진 이 책은 읽는 이에게 많은 감동을 안겨 준다.

특수교육은 일 대 일이 아니고 교사 한 사람이 몇 명의 아이를 한 학급에 동시에 수용하여 주말을 제외하고는 거의 매일 접촉해서 일정한 교과 과정을 운영하는 것으로 이루어지는 교육이다. 이러한 교육으로 성격이 개조될 수 있다는 실제 예가 또 하나의 책 〈한 아이〉 속에 담겨 있다.

세 살 때 엄마에게 버림받은 여아 쉴라가 여섯 살 때 동네 아이를 유괴해서 나무에 묶어놓고 불을 지르는 끔찍한 일을 저지르자, 경찰은 이 아이를 정신병동에 수용하려 한다. 그러나 아동부가 없어서 준공될 때까지 임시방편으로 관내 공립학교의 특수반 담임 교사 토리 선생에게 맡긴다. 토리 선생의 눈물겨운 사랑의 투쟁이 결국 이 아이를 정신병동으로 보내지 않고 일반 학교에 그것도 월반해서 배치하는 일에 성공한다는 실화이다.

　우리나라에는 아직도 놀이치료 등이 그리 널리 보급되지 못한 실정이다. 전문가의 도움을 얻기도 쉽지는 않다. 부모나 사회사업가들은 책을 통해서라도 스스로 자질을 높여 성격장애를 가진 아이들을 따뜻하게 대해 줌으로써 다소나마 치료적 효과를 얻도록 노력해야 할 것이다.

아이와 함께 책을 읽어라

학교에 들어간 뒤에 책을 좋아하게 만들어서는 이미 늦다

백지白紙와도 같은 아이에게 무엇을 먼저 보여 주고 무엇을 먼저 들려 주느냐 하는 것은 기르는 사람에게 선택권이 있는 일이다. 아기의 오관은 주위의 사물을 관찰하고 자극에 반응할 만큼 충분한 준비가 되어 이 세상에 태어난다는 사실이 실험에서 나날이 밝혀지고 보고되고 있다.

미국의 어떤 수학자 아빠는 생후 2주부터 아기방 벽에 숫자를 써 붙이기 시작했고 날마다 다른 숫자로 갈아붙이고 차츰 더하기, 빼기, 곱하기, 나누기의 수식을 써 붙이다가 보니 그 아이가 두 돌쯤 되었을 때는 루트($\sqrt{}$) 푸는 공식까지 붙이게 되더라는 실화가 있다. 그 후 아이가 말을 하게 되자 모든 놀이를 수학적으로 하며 길렀더니 마침내 16세에는 가랑머리를 하고 고등학교 수학 강사로 나서게 되었다고 한다.

아이들은 부모가 보여 주는 것을 보고, 들려 주는 것을 듣고, 시키는 것을 마치 마른 해면이 물 빨아들이듯 한다. 그러다 보니 자연 부모가 좋아하는 일을 많이 하게 되고, 많이 하다 보니 좋아지고 잘하게 될 수 있다.

학교에 들어간 뒤에 책을 좋아하게 만들어서는 이미 늦다. 어렸을 때 그림책부터 시작해서 만화책, 동화책을 거쳐야 소설이나 전기물, 전문서적으로 옮겨 가게 된다. 물론 이 중간에 교과서는 의무적으로 읽게 되어 있지만 책을 의무로 읽어서는 재미를 못 느낀다. 배고프면 밥을 먹듯이 항상 책을 통해 정신적 양식을 흡수해야 한다. 그러려면 젖먹는 시절부터 책하고 친할 필요가 있다. 아주 자연스럽게 책과 친하고, 재미있어서 읽고, 읽고 싶어서 읽어야지 책읽기가 지겹지만 성적 때문에 하는 수 없이 읽는 책이라면 감기 들어서 먹는 독한 약과 다를 바가 무엇이 있을까.

돌 선물로는 옷 · 장난감보다 그림책을 선택하라

어른은 책을 안 읽으면서 아이에게만 공부를 강요하는 일도 어리석은 짓이다. 아기가 어릴 때 책 읽는 부모 밑에서 자라면 아기도 자연 책을 좋아하게 된다. 책을 좋아하기 시작하면 교과서건 참고서건 소설책이건 다 좋아하게 된다. 다만 육체적 과식이 비만증을 초래하듯 어린 나이에 놀지도 않고 책만 보는 것도 문제이다. 무엇이든 과한 것은 모자라는 것만 못하여 해로울 수도 있기 때문이다.

아이가 책을 너무 빨리 건성으로 읽는다고 걱정하는 부모도 있다. 교과서가 아니라면 적당히 빨리 읽는 것도 좋다. 정보가 홍수처럼 범람하는 시대라 속독도 권장할 만하며, 정독만 고집할 필요는 없다.

만화만 읽는다고 염려하는 부모도 있지만 초등학교 저학년까지는 그럴 수도 있다. 고학년 이후에도 그렇다면 위인전도 좀 사 주고 독서폭을 넓히도록 지도할 필요가 있다.

일반적으로 돌 선물로는 옷이나 장난감을 사는 경향이 있는데, 이것을 책으로 대신하면 어떨까. 책 안 읽기로 이름난 우리 국민을 문화시민으로 바꾸는 지름길이 될 수도 있기 때문이다.

처음에 책읽기를 시작할 때는 그림책부터 시작하는 것이 좋다. 글씨는 있어도 좋고 없어도 좋지만, 있다면 한 면에 단어 하나나 아니면 한 줄 정도의 문장이 있는 단순한 것이 좋다. 그림도 큼직하고 형체가 뚜렷해서 한눈에 알아볼 수 있으며 색채도 선명해서 쾌감을 주는 것이라야 한다.

형체와 색깔이 선명한 그림책부터 시작하자

돌 전후해서 엄마나 아빠가 데리고 앉아서 책장을 넘기며 "이건 수박, 이것은 딸기, 이것은 참외, 이것은 사과, 파인애플, 포도……."라고 말해 주면 아기는 책의 그림과 어른의 입을 번갈아 쳐다보며 좋아할 것이다. 조숙한 아이라면 따라서 발음해 보려고 애쓸 것이고 18개월이 지나면 자기 혼자서 책장을 넘기며 중얼중얼 물체의 이름을 불러 보기도 할 것이다.

이럴 때 참외 같은 것은 부엌에서 다 깎아서 썰어 내올 것이 아니라 통째로 아이에게 보여 주어 참외임을 확인시킨 뒤, 보는 데서 깎아야 속에 씨가 들어 있는 것도 볼 수 있으므로 자연 공부를 겸할 수 있어서 더욱 좋다.

아이가 외출 경험을 하고 난 뒤에는 탈 것에 관한 책을 보여 주면서 '버스, 택시, 자가용, 전철, 오토바이, 비행기……' 등을 가르칠 수도 있다.

다음 단계에는 간단한 우화집이나 동화책을 선택해서 줄거리를 읽어 주며 책장을 넘긴다. 몇 번 그러고 나면 어느 대목에서 책장을 넘기는지 미리 알고 아이가 스스로 책장을 넘기면서 읽어 보기도 한다. 이것은 두 돌 반에서 네다섯 살까지 흔히 할 수 있는 일이다.

만 다섯 살쯤 되어서 한글을 익힌 아이는 천천히 혼자서 동화책을 읽기도 한다. 이것은 강요해서도 안 되지만 굳이 못 하게 할 일도 아니고 아이의 능력에 따라 자발적으로 하는 아이는 하게 두는 것이 좋다.

이렇게 하게 되면 다음에는 책을 안 보고도 그 내용을 이야기할 수 있도록 기회를 주면서 지도하는 것이 좋다. 아이가 혼자서 못하면 조금씩 일깨워 도와 주면서 마침내 혼자 다할 수 있도록 되풀이하게 한다. 때로는 이야기의 주인공들에 대해 느낌을 말하게 하는 것도 좋은 방법이다. "누구는 착한 마음으로 좋은 일을 했기 때문에 나중에 복받고 살았지만 누구는 못된 짓만 했기 때문에 결국 벌 받아서 끝이 안 좋았다."는 등의 이야기를 할 수 있을 것이다.

책을 읽고 난 뒤 토론하며 내용을 정리해 보자

5, 6살이 되면 아이들은 세밀한 그림도 이해하기 때문에 만화에 관심을 보이기 시작한다. 글씨를 못 읽으면 읽어 달라고 성화를 한다. 몇 번인가 읽어 주면 다 외워서 그림과 말을 붙여 보다가 마침내 글씨를 저절로 익히는 수도 있다. 가급적이면 폭력물을 제외하고 착한 이야기나 과학적 상상력을 키워 줄 수 있는 것을 골라 주면 좋다.

초등학교 이후에는 친구와 책을 빌려 주고 빌리고 하며 다독多讀하는 습성을 붙이는 것도 좋다. 그러면서 서로 읽은 내용에 대해 토론도 해 보도록 하면 더욱 좋다.

옛날에는 학교 대신 서당에 보내서 한서漢書를 읽게 했는데, 책 한 권을 떼면 부모는 반드시 음식을 차려 놓고 세책례洗冊禮를 베풀었다. 일명 책거리라고도 하는 잔치를 벌인 것이다. 이때 화제는 당연히 책의 내용이 중심이 될 것이고 그것을 공부하면서 있었던 일화도 곁들여질 것이다.

이렇게 축하를 받고 나면 다음 책을 공부할 마음의 준비도 되고 자기의 성취에 대해서 이와 같이 관심을 보이는 부모의 마음에 대해서도 고맙게 여길 것이다.

대학 입시에 논술이 새로 추가된 이후 학생들은 새로운 부담을 하나 더 안고 고심하게 된 셈이지만, 만일 어려서부터 책을 많이 읽고 그것에 관해 친구나 어른들과 토론할 기회가 많았던 학생이라면 뭐 그다지 고민할 것도 없고 새롭게 연마할 필요도 없을 것이다.

'책 속에 길이 있다.'는 말이 있다. 일생을 살아가며 책을 외면할 수는 없을 것이며 특히 새로운 정보가 책을 통해서 폭포처럼 쏟아져 나오는 이 시대를 살며 책하고 친하지 않고 살 수는 없을 것이다.

대학을 가든 안 가든 폭넓게 책을 읽어야 하고 특히 자기의 생업과 관계있는 책이라면 쉴새 없이 가까이해야 하는 것이 시대의 요구이다. 이 일이 부담으로 여겨지지 않고 지극히 자연스럽게 이루어질 수 있도록 초석을 쌓아 주는 것은 부모의 의무이며, 취학 전에 마땅히 해야만 하는 일이다. 3~4세 때보다는 1~2세에 그림책부터 시작하는 것이 더욱 현명한 일이라고 볼 수 있다.

아이는 부모의 거울이다

아이들 보는 데서는 냉수도 못 마신다는 속담이 있다. 아이들은 본래 보는 대로 따라 하고, 듣는 대로 되뇐다. 그러는 동안에 말도 배우고 놀이도 배우고 인생도 배운다. 이것은 비단 아이들뿐 아니라 인간이면 누구나 가지고 있는 속성이기도 하다.

심리학자들에 따르면 일생 중 인간의 모방력이 가장 두드러지는 때는 4, 5살 무렵이라고 한다. 사실 이 또래 아이들을 보면 쉴 새 없이 역할놀이를 한다. 학교놀이, 병원놀이, 상점놀이, 가족놀이, 기차놀이, 여행놀이 등을 하면서 자기가 보아 온 온갖 사람들의 역할들을 흉내낸다. 인간의 조상이 원숭이라고 한 것도 무리가 아니라는 느낌이 들 정도로 흉내를 잘 낸다.

그러나 모방은 이때 시작되는 것이 아니라 훨씬 일찍부터 시작된다. 첫돌 전에 벌써 숟가락으로 밥을 먹기 시작하고 두 발로 서서 걸으려고 노력한다. 인도에서 이리에게 물려가 이리 굴에서 자란 아이는 날고기를 입으로 뜯어먹고 네 발로 뛰어다니는 것을 배웠다는 실화가 전해지고 있는 것을 보면 보는 대로 흉내내다 습관으로 굳어진다는 것을 짐작하기 어렵지 않다.

그러면 얼마나 일찍부터 모방을 시작하는 것일까 궁금해진다. 미국의 학자 한 사람은 신생아실에 가서 갓난아기를 상대로 얼굴을 찡그려도 보고 입을 벌려 혀를 내밀어 보고 하면서 아기의 반응을 보았더니 거의 모든 아기가 흉내를 내더라고 보고한 바 있다. 가장 이른 아기는 태어난 지 42분 만에 이 흉내를 냈다고 한다. 이 학자는 이 연구로 석사학위를 받았다.

사실은 뱃속에서부터 엄마가 음악을 들으면 아기도 듣고 엄마가 싸우면 아기도 발로 차기도 한다. 이것은 초음파 촬영술로 증명되고 있는 엄연한 사실이다. 그러니 부모되는 사람들이 어찌 아이들 앞에서 행동을 삼가지 않을 수 있을까.

상담원 레터 -하나

- 아이는 적절한 사랑과 관심을 받지 못하면 병이 나거나 정서장애를 일으켜요.

- 놀이치료실은 정서장애 아동이 잠재된 자기 감정을 놀잇감을 통해 자연스럽게 표출하게 함으로써 자아를 회복하도록 도와주는 곳이에요.

- 상담원은 아이의 속마음을 읽고 공감해 주는 것으로 치료를 시작해요. 비판적인 말은 절대 하지 않고, 아이를 있는 그대로 받아 주고 정성을 다해 놀아 주되, 칭찬과 격려를 많이 해 줍니다.

- 놀이치료는 원칙적으로 일 주일에 한 번 하게 되는데, 더 자주 해도 괜찮습니다. 시간과 비용이 문제일 뿐이지요.

- 놀이치료 기간은 아이의 증상에 따라서 차이가 많아요. 가벼운 경우는 5회 이내에 끝날 수 있지만, 심각한 경우는 1년 이상 걸리는 수도 있어요.

- 신생아 때부터 생리적 욕구가 충족된 아이는 신체도 건강하고 지능도 잘 발달합니다. 또 정서가 안정되고 사회적으로도 유연한 아이로 커가요.

- 나이에 맞는 장난감을 가지고 또래나 형제와 많이 놀아 본 아이는 창의력도 발달하고 또래 사귀는 일도 쉽게 합니다.

- 아이에게는 일찍부터 책과 친할 수 있는 기회를 충분히 주는 일이 중요합니다.

2
유미숙편

제1장 이런 아이는 이렇게 1

제2장 이럴 때는 이렇게

"성취 경험을 통해 자신감을 길러 주세요. 그것이 적극적인 아이로 만드는 지름길입니다. 또 아이가 자신의 생각과 느낌을 이야기할 때는 적극적으로 들어 주세요. 그래야 자신의 소중함을 인식하게 된답니다."

형제간의 갈등 해소

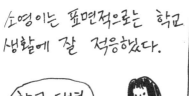

소영이는 표면적으로는 학교 생활에 잘 적응했다.

학교 다녀 오겠습니다.

하지만 아빠와의 관계가 좋지 않았다.

소영아 학교 재미있니?

······

너 아빠한테 왜 그래!!! 묻는 말에 대답도 하지 않고

아빠는 나름대로 노력했으나 별 효과가 없었다. 그 후 동생이 장기 치료를 해야하는 병에 걸려 병원 근처로 이사를 하면서 소영이의 증세는 더 심해졌다.

남동생 미워.

아빠도 미워. 남자 선생님도 미워.

남자는 다 미워 미워!!

이처럼, 동생이 태어남으로써 형제간의 갈등, 질투, 경쟁심을 시작으로

어디서 나타난 거야.

형

성격이나 정서, 심리 상태에 큰 영향을 미치고 있음을 볼 수 있다.

네 편은 아무도 없어.

자녀 수보다는 양육법이 문제

아이를 위해 동생을 하나 더 낳아야 할지 물어 오는 부모들이 있다.

하나 더 낳을까?

그렇지만 자녀의 수보다는 양육 방법이나 태도가 중요하다.

한 자녀의 경우 부모는

아유 예뻐. 하지만 이 녀석이 혹시 사고라도 당하면...

엄마

불안감이 높고 이 아이가 부모의 모든 것이라는 느낌이 강하여 과잉보호 하기 쉽다.

햇볕이 뜨거우니까 집에만 있고 차도 조심해야 되고 나쁜 사람...

또는 지나치게 엄격하게 대하여

버릇없다는 소리 들으면 안 돼.

아이가 융통성이 부족하거나 자기만 아는 이기적인 경향의 사람이 되기 쉽다.

흥 내가 좋으면 그만이지

한 자녀인 경우보다는 형제 사이에서 자란 아이들이 융통성이 많고 성취감이 높다.

아우 먼저

형님 먼저

하지만 형제간에 갈등 상황, 경쟁 상태를 극복하지 못할 때는 심리적, 정서적 상처가 남기도 한다.

동생이 없어졌으면 좋겠어.

부모의 지나친 기대에 따른 큰아이의 문제

부모는 큰아이가 모범을 보이기를 기대한다.

큰애가 잘하겠지

틀리면 어쩌지...

자신도 부모의 역할이 처음이어서 잘 해 보려는 욕구가 강한 까닭에 큰아이의 실수에 관대하지 못하고 빨리 크기만 재촉한다.

어휴 나이가 몇 살인데…

죄송해요.

그 때문에 부모와의 관계에서 어려움을 느끼는 큰아이들이 많다.

한편, 아우로 태어난 아이들은 이성의 형제보다 동성의 형제와 경쟁적인 관계가 되기 쉽다.

우이씨 축구도 못하는 게

형이나 잘해!

내 치마 왜 입었어

나한테 더 잘어울려

그래서 남자 형제 중 작은 아이가 더 공격적이거나

공격하라

반대로 애교가 많은 경우를 볼 수 있다.

프리즈~ 엄마

또한 여자 자매 중 한 명은 남자아이처럼 행동하는 특성을 보이기도 한다.

이것은 형제 순위에 따라 겪는 갈등도 있지만

부모가 각자에게 거는 기대감이 아이들에게 영향을 미친 결과로 볼 수 있다.

나이 차에 따른 특징

형제간에 나이 차가 적을수록

경쟁심이 강하고 다툭기도 많이 한다.

하지만 놀이 수준이
비슷하여 함께
어울리는 데 좋은
장점이 있다

나이 차가 많으면 큰아이가 작은
아이를 돌보는 역할까지 하므로
경쟁자의 관계와는 다른
특성이 있다.

부모로서는 자녀 각자의
터울에 맞추어 심리적
부담을 줄여 주는 배려가
필요하다.

터울별, 출생 순위별 자녀 교육법

첫째 부모가 지나치게
형, 아우를 강조하지 말아야
한다.

즉 형제의 역할보다는 어떤
행동이 더 성숙된 행동인지에
초점을 맞추어야 한다.

둘째 형제를 지나치게 경쟁시키지 말고 협동심을 격려해야 한다.

형제중 누군가를 낙오자로 만들지 말고 함께 협력하여 행동하도록 격려해야 한다.

셋째 동생이 태어날때 큰아이를 따로 떼어놓지 않는 것이 좋다.

큰아이는 자신의 자리를 빼앗긴 것으로 생각하여 적개심을 가지게 된다.

넷째 부모는 편애의 감정을 스스로 다스릴 수 있어야 한다. 대부분 아이들의 정서적 상처는 부모로부터의 사랑, 관심 표현 등에서 비롯되기 때문이다.

따라서 부모는 자녀들 앞에서 공평한 태도를 보이는 노력을 게을리하지 말아야 할 것이다.

잘했을 때만 칭찬을 받고 잘못했을 때는 심하게 벌을 받는 아이가 벌을 피하기 위해 자꾸 거짓말을 하여 습관이 되는 것을 볼 수 있다. 평소에 아이의 잘못에 과민하게 반응하고 심문하는 태도를 보이거나 심하게 벌을 주는 대신, 다음에는 잘해 낼 수 있을 것이라는 격려를 해 주면 아이의 거짓말을 고칠 수 있다.

제1장 이런 아이는 이렇게 1

소심한 아이, 성취감을 통해 자신감을 길러 주어라

대부분의 부모들은 자신의 자녀가 매사에 적극적이고 환경에 잘 대처하는 아이이길 바란다. 하지만 부모의 바람과는 달리 아이의 행동이 염려스럽거나 부모를 속상하게 만드는 경우가 많다.

우선 우리 아이가 소심한 아이인지 아닌지를 살펴볼 필요가 있으며, 아이마다 타고난 기질이나 성격이 다르다는 것을 잊지 말아야 한다. 그 나름대로 특성을 가진 아이를 부모가 원하는 어떤 형태로 바꾸려 한다면 그 발상부터가 큰 착오라는 것이다.

그러므로 자녀를 다른 아이와 비교해서 자신감이 없어 보일 때는 무조건 우리 아이가 모자란다고 생각하지 말고 아이의 성격을 잘 분석해 보는 태도가 중요하다.

아이가 나서기보다는 신중하게 검토하여 행동에 옮기는 성품을 타고났다면 침착한 태도가 마치 자신감 없는 아이처럼 보일 수도 있다. 따라서 아이의 어떤 한 가지 행동으로 소심하다거나 그렇지 않다고 단정하지 말고, 아이의 성격 특성을 잘 살펴본 후 아이가 소극적이라고 생각될 때 그 때문에 아이 자신의 사회 적응에 지장을 초래할 경우에만 염려해야 할 것이다.

이렇게 사회 적응력이 문제되는 소심한 아이들의 행동 특성과 그 원인,

부모의 지도 방법에 관해 알아보자.

어떤 아이가 소심한 아이인가

아이의 한 가지 행동이 소극적이라고 소심한 아이라고 단정할 수는 없다. 그러나 일반적으로 소심한 아이들의 행동을 살펴보면 다음과 같은 특성을 발견할 수 있다.

첫째, 새로운 사람이나 환경에 지나치게 어울리지 못하고 적응하기 힘들어하는 경우이다. 즉 유치원에 입학한 뒤 가지 않겠다고 떼쓰는 아이, 낯선 곳에 데리고 가면 다른 아이에 비해 지나치게 오랫동안 어울리지 못하고 엄마 치마 뒤에 숨는 아이, 길에서 아는 어른을 만났을 때 엄마가 인사를 시켜도 엄마 뒤로 숨는 아이 등 새로운 환경에 접할 때마다 심리적으로 힘들어하며 대인 관계가 원만하지 못한 행동을 보인다.

둘째, 하고 싶은 이야기가 있어도 표현하지 못하는 경우이다. 아이가 머릿속으로는 '이렇게 말해야지' 하고 다짐을 하지만 첫말 꺼내는 것이 어려워 자신의 뜻을 표현하지 못하는 경우도 염려되는 경우이다. 또 부모에게조차 자신의 의사 표현을 부담스러워하는 아이도 있다.

셋째, 어떤 상황에서 다른 아이보다 눈치를 많이 살피는 경우이다. 즉 '다른 사람이 나를 어떻게 생각할까?' '내가 잘 할 수 있을까?' '내 행동이 구경거리는 되지 않을까?' 등등 자신의 행동을 지나치게 염려한 나머지 자신의 의지를 표현하기보다는 주위의 눈치를 살피는 것이다.

넷째, 자신감이 결여되어 있어 의지대로 행동하지 못하는 경우이다. 즉 자신이 결정하여 행동했을 때 자신이 책임질 일이 두려운 나머지 시키는 대로만 하려는 수동적인 행동을 보인다. 장난감 가게에서 장난감을 선택할 때도 자신이 고르기보다는 한참 들여다보다가 "이거 살래?" 하고 물으면 고개로 끄덕거리거나 가로 젓거나 하여 최소한의 의사 표시만 하고, 자신이 결정하기보다는 "나 어떤 거 해요?" 하고 결정을 다른 사람에게 미루는 행동을 지나치게 자주 보일 때 염려된다.

다섯째, 작은 일에도 크게 놀라고 두려움을 많이 느끼는 경우이다. 유치원에서 보면 다른 아이에게는 별일 아닌 일에도 눈물을 줄줄 흘리거나 얼굴이 쉽게 빨개지고 실제로 가슴이 두근거리는 아이가 있는데 정서적으로 예민해 보이는 경우나 모든 일에 의기소침해 보이는 경우 등이 염려된다.

매사에 과민반응하는 부모가 그 원인

소심한 아이가 되는 가장 큰 원인은 자신감의 결여이다. 아이가 심한 좌절을 경험했거나 자신의 행동에 대해 부모가 사사건건 잘잘못을 가려줄 때 잘못하고 야단맞느니 차라리 하지 않으려고 하는 회피행동을 보이는 경우를 볼 수 있다. 즉 자아가 싹트기 시작하는 18개월 무렵부터 아이에게 "안 돼!" "하지 마!" 등의 부정적인 제지를 많이 하는 경우에는 소심한 아이가 되기 쉽다.

> 자신감은 자신이 해낸 결과에 대해 성취감을 느낌으로써 얻게 되는 것인데, 부모의 과보호로 아이가 스스로 해낼 기회가 없게 되면 성취감을 느끼지 못해 자신감을 갖지 못하는 경우를 볼 수 있다.

성격은 유전적 요인과 환경적 요인의 영향을 모두 받지만 지능보다는 환경적 요인의 지배를 훨씬 많이 받는다고 본다. 즉 아이가 자라는 환경이 어떤가에 따라 영향을 많이 받게 되므로 부모의 양육 태도가 원인이 되기도 한다.

자신감은 자신이 훌륭히 해낸 결과에 대해 성취감을 느낌으로써 얻게 되는 것인데, 부모가 과보호할 때 아이는 스스로 성취해 볼 기회가 없으므로 성취감을 느끼지 못해 자신감을 갖지 못하는 경우를 볼 수 있다. 즉 부모가 아이의 일을 먼저 알아서 처리해 줄 때 아이는 혼자서는 할 엄두를 내지 못하고 소심한 태도를 보일 수밖에 없다.

부모가 매사에 과민한 반응을 보인다면 불안해하는 부모의 감정이 아이에게 전달되어 아이도 새로운 일에 적극적인 태도를 보이기보다는 지나치게 염려하게 되어 더 소극적으로 되기도 한다. 부모의 심리적 원인 때문에 아이까지 소극적인 아이로 될 수 있는 것이다.

부모의 양육 태도가 지나치게 엄격할 경우나 체벌을 많이 사용할 때에는 아이가 자신이 한 행동을 부정적 시각으로 평가하는 경우가 많아 자신감이 결여되어 소심한 아이가 되기도 한다. 그러므로 아이가 스스로 해낸 것에 대해 단점을 지적하기보다는 잘한 면과 발전된 면에 관심을 보여 주는 부모의 태도가 중요하다.

아이가 신체적으로 허약할 때도 소심해질 수 있다. 특히 수술 후나 큰 병을 앓고 난 뒤에는 심리적으로도 허약하고 소심한 아이가 되기도 한다. 하지만 일시적 증상일 경우 건강이 회복되면 없어진다.

이때 부모가 아이를 염려하는 태도가 지나쳐 과민하게 반응하거나 과보호하면 소극적 성격으로 굳어질 수 있다.

많은 경우 둘째보다 첫째 아이나 혼자 자란 아이의 경우에 더 소심한 성격을 보이는 경향이 있으므로, 부모는 관심은 갖지만 한 발 뒤에서 지켜보는 태도가 중요하다.

엄마와 떨어지는 훈련부터 시작해야

소심한 아이에게는 자신감을 길러 주는 것이 중요하다. 자신감을 길러 주기 위해서는 아이가 성취감을 느낄 수 있는 일을 찾아 해낼 수 있도록 도와 주어야 한다.

혼자 유치원에 못 가는 아이라면 지금 내 아이가 할 수 있는 것은 무엇이고, 할 수 없는 것은 무엇인지를 알아야 한다. 즉 혼자 유치원을 못 간다면 우선 엄마와 떨어지는 훈련이 되어 있는가를 살펴보아야 한다. 대부분 여기에 문제가 있을 것이다.

이럴 때는 아이가 엄마와 쉽게 떨어지는 훈련부터 해야 한다. 어릴 경우는 '까꿍놀이' '술래잡기' 등의 놀이에서 출발한다. 아이는 엄마가 보이지 않으면 불안을 느끼지만 곧 엄마를 찾아 마음의 안정을 얻는 순간을 반복하여 경험함으로써 엄마가 지금 없더라도 다시 찾을 수 있다는 기대감을 갖고 기다릴 수 있게 된다.

조금 더 발전하면 할머니, 고모, 이모 등 아이가 잘 아는 어른이 집에 계실 때 엄마가 외출했다 돌아오기를 반복하고, 그 다음에 할머니댁 등에 아이를 맡겨 놓고 외출한 후 데려오기 등을 경험하게 한다.

그 뒤에는 동네 친구집에 데리고 가 엄마와 함께 놀다가 "엄마는 먼저 갈게, 10분 후에 오렴." 하는 방법으로 떼어 놓는 훈련을 하거나, "먼저 ○○집에 가 있으면 엄마가 데리러 갈게." 하는 것이 가능해지도록 한다. 그리고 나서야 유치원에 혼자 갈 수 있는 아이가 되는 것이지 '처음부터 일 주일만 울리면 떨어지겠지.' 하는 무모한 생각은 피해야 한다.

울며 강제로 떨어진 아이 중에는 유뇨증이나 야뇨증, 말더듬는 행동을 보이는 예도 많으므로 무엇이든 강제로 할 것이 아니라 아이의 능력을 고려하여 단계적으로 목표를 세워 성취하게 하여야 할 것이다.

아이가 목표한 행동을 이행한 것에 대해서는 격려를 해 주어야 한다. 되도록 칭찬은 피하고 격려를 해야 한다. 칭찬이라는 것은 잘 해냈을 때만 할 수 있는 방법이지만 격려는 잘했거나 잘하지 못했거나 할 수 있는 방법이다. 즉 칭찬이란 부모가 자녀보다 위의 위치에서 잘했을 때만 할 수 있는 것이지만 격려는 잘했을 때는 "○○가 잘 해냈구나."라고 할 수 있고 실패했을 때는 "네가 잘하지 못해 속상하겠구나. 하지만 다음에 열심히 하면 잘할 수 있을 거야."라고 해 줌으로써 좌절을 막고 재도전해 보고자 하는 의욕을 갖게 할 수 있으므로 효과적이다.

> 칭찬이라는 것은 잘 해냈을 때만 할 수 있는 방법이지만 격려는 잘했거나 잘하지 못했거나 할 수 있는 방법이다.

아이의 자신감은 매사에 적극적인 성격의 아이로 자랄 수 있는 힘이 된다. 따라서 내 아이의 소심한 행동은 무엇이 문제인가를 살펴보고 부모가 자신감을 키워 줄 수 있는 행동을 찾아 격려해 주어야 할 것이다.

지나치게 샘이 많은 아이,
남과 비교하는 부모의 태도부터 고쳐라

샘이 지나치면 병이 된다

옛날에 비해 자녀의 수가 크게 줄면서 자녀에 대한 부모의 관심이 지나치리만큼 높아지는 것 같다. 그에 따른 아이들의 행동 특성들이 눈에 많이 띈다.

그중에 대표적인 것이 샘이 많다는 것이다. 요즘 부모는 아이들의 많은 요구를 그대로 들어 주고, 심지어 아이가 필요를 느끼기도 전에 준비해 줌으로써 남보다 자신이 덜 갖는다거나 못하다는 것을 받아들이지 못하고 지나치게 샘이 많은 아이로 자라게 한다.

거기다가 "너는 왜 알면서도 손을 안 들었어?" "너 ○○에게 져도 좋아? 바보같이." "너는 샘도 없니, 부럽지도 않아?" 등등 아이들에게 시기심을 부추기는 부모들도 많다.

물론 어느 정도의 경쟁심이나 시기심을 갖는 것은 필요하다. 지나치지만 않으면 오히려 샘을 내는 아이가 성취욕구가 높아질 수 있으므로 적절한 부모의 지도가 중요하다고 본다.

샘이 많은 아이는 크게 두 가지 유형으로 나눌 수 있다. 어디서나 누구에게나 지기 싫어하고 경쟁심이 강하며 자신이 부족하다는 것을 인정하면서 더욱 노력하려고 하는 욕구가 강한 아이와, 자신의 부족한 능력을 인정하지 못하고 드러난 상황만 보고 샘을 내는 아이이다. 즉 하나는 더 노력하려는 욕구의 표현으로 나타나는 샘이고, 다른 하나는 현실의 불만으로 나타나는 샘이다. 그러므로 전자는 필요한 '샘'이고 후자는 많을수록 심리적 상처만 입게 되는 '샘'이라고 하겠다.

같은 상황에서도 샘을 내는 아이와 그렇지 않은 아이가 있는데, 비슷한 정도의 상황에서 다른 아이와 비교해 더 많이 샘을 내고 부적절하게 표현하는 아이라면 염려가 된다.

요즘 아이들이 갖는 샘

샘의 종류도 두 가지가 있다. 자신의 능력을 과시하고 싶고, 인정받고 싶은 욕구 표현의 정신적인 샘과 특정 물건 등을 소유하고 싶은 물질적인 샘이 있다.

샘의 종류도 시대에 따라 변하여 그 가정이나 사회가 무엇을 추구하느냐에 따라 다르게 나타난다. 즉 정신적인 샘이 더 나타나느냐 물질적인 샘이 더 나타나느냐도 그 가정이나 사회의 문화적 특성과 관계가 있다.

어떤 가정의 분위기가 물질적 소유에 집착하는 분위기라면 아이들도 다른 아이보다 더 갖고 싶어하는 욕구가 강할 것이다. 즉 친구들보다 더 부잣집 아이로 인정받고 싶어서 집에 있지도 않은 장난감이나 물건이 있다고 한다거나 승용차의 종류 등에 집착하는 것을 볼 수 있다. 또 옷에 지나치게 신경을 쓰기도 한다.

가정에서 '1등'을 강조하는 말을 많이 듣고 자란 아이라면 누구에게나 지는 것을 참지 못하고 유치원이나 학교에서 항상 자신이 1등으로 평가받고자 한다. 그렇게 되지 못하면 다른 사람에게 그 탓을 돌리거나 선생님이나 친구와 원만한 관계를 맺지 못하는 부적응 행동으로 나타나는 경우도 있다.

과거에 비해 요즘 아이들이 샘이 더 많다는 것은 부모의 지나친 기대감과 사회 전체의 경쟁 의식, 지면 안 된다는 부모들의 강박관념 때문이다.

또 자녀의 수가 많지 않고 특히 한 자녀인 경우에는 가정에서 제일의 대우를 받으면서 은연중에 '나는 왕이다'는 인식을 갖게 되어, 가정이나 유치원에서 관심이 다른 사람에게 간다고 느끼면 참지 못하고 샘을 내는 행동을 보인다.

잘못된 양육 방법이 샘을 부추기기도 한다

아이가 자라는 데 샘을 갖는다는 것은 사회화 과정에서 자연스럽게 나타난다. 그러므로 샘을 내는 행동 자체가 좋다 나쁘다라고 단정할 수는 없다. 아이가 정상적인 정도에서 샘을 내고 있는 것인지를 바르게 평가하고, 샘을 내는 행동을 할 때 적절하게 반응해 주는 부모의 태도가 더 중요한 것이다.

아이가 어떤 때 샘을 부리는지, 또 어떤 것에 더 샘을 부리는지 파악해 보고 또래들과 비교하여 정상적인지 지나친지 비교해 보아야 한다.

만일 예쁜 옷이나 물건 등에만 샘을 부리는 아이라면 부모가 의도적으로 물질적인 것보다 정신적인 것에 샘을 갖도록 이끌어 주어야 한다.

이 때 "너는 그런 것에만 샘을 내니? 공부에 좀 샘을 부려 봐." 하고 지적하라는 것이 아니다. 이렇게 하면 오히려 아이는 비뚤어질 수도 있기 때문에 아이가 갖고 싶어하는 욕구는 인정해 주지만 너무 쉽게 들어 주지 말고 생각해 볼 시간적 여유를 갖도록 배려한다.

더불어 아이가 잘한 행동 등을 부추겨 "아! 그런 생각을 하다니, 참 잘했구나." "떼를 쓰고 싶은 걸 참을 수 있었다니, 역시 한 살 더 먹더니 달라졌는데." 하는 표현으로 정신적 성숙에 관심을 갖도록 이끌면 물질적 집착에서 성숙된 샘의 형태로 변화해 가는 것을 도울 수 있다.

또 아이가 또래들에 비해 샘이 지나치게 많다고 생각이 될 때는 아이의 다른 행동 특성과 함께 생각해 보아야 한다.

큰아이보다 작은아이들이 샘이 더 많은데, 이것은 항상 형과 비교되면서 형보다 더 잘하고 싶은 욕구 때문에 나타나는 현상이다. 그러나 지나치게 샘을 내는 경우는 아이가 다른 행동에서도 강박적인 증상이 있는지, 정서 상태가 불안정한지, 욕구불만이 많은지, 열등감이 지나치지는 않은지, 자신의 감정 조절에 어려움이 많아 샘을 많이 내는 것으로 나타나는지 등을 살펴보아야 한다.

> 과거에 비해 요즘 아이들이 샘이 더 많다는 것은 부모의 지나친 기대감과 사회 전체의 경쟁 의식, 지면 안 된다는 부모들의 강박관념 때문이다.

이렇게 아이의 모든 행동 특성을 살펴보고 문제의 근원을 찾아 바로 잡아 주는 것이 부모가 할 일이다.

일반적으로 아이가 샘을 많이 낸다면 부모의 양육 태도를 먼저 고쳐야 한다. 아이들은 부모의 반응에 민감하여 부모의 반응에 따라 행동이 증가되기도 하고 없어지기도 한다.

혹시 부모가 지나치게 경쟁 의식이나 시기심을 부추기지 않았나 반성해 보고 먼저 아이를 다른 사람과 비교하는 태도부터 고쳐야 한다. 즉 "영희는 글씨도 잘 쓰는데 너는 읽지도 못하니?" 등 남과 비교하는 언어 습관부터 버리도록 한다.

결과보다 과정이 중요하다는 것을 깨우쳐 주고 겉으로 드러난 것보다 마음가짐이나 태도의 중요성을 강조하는 양육 태도를 보이면 아이들은 자연스럽게 고쳐질 수 있다.

부모는 내 아이와 다른 아이를 비교하거나 형제끼리 비교하는 표현부터 쓰지 않도록 하며, 아이가 전에는 못했는데 지금은 향상된 점을 찾아 북돋워 주어야 할 것이다.

아이들이 샘을 내는 것을 자세히 보면 결과에만 집착하는 것을 볼 수 있다. 이것은 부모가 아이에게 노력하는 자세나 과정의 중요성을 가르치는 데 소홀하고 자칫 아이들의 행동 결과에만 관심을 표시한 결과이다. 그러므로 결과보다 과정이 중요하다는 것을 깨우쳐 주고 겉으로 드러난 것보다 마음가짐이나 태도의 중요성을 강조하는 양육 태도를 보이면 아이들은 자연스럽게 고쳐질 수 있다.

과보호가 예민한 아이를 만든다

인간이 동물과 다른 점은 희로애락의 감정을 갖고 있고, 자라면서 이 감정의 종류가 더욱 다양하게 분화되어 간다는 것이다.

그러나 감정의 표현도 지나치면 염려가 된다. 특히 다른 사람은 대수롭지 않게 느낄 사실에도 크게 속상해하거나 지나치게 좋아하는 등 감정의 기복이 큰 경우에 우리는 흔히 '예민하다'는 표현을 한다.

그러면 '예민하다'는 것은 무엇이고 아이들이 왜 예민해지며, 어떻게 지도해야 하는지 살펴보자.

인간은 태어날 때부터 저마다 다른 특성을 갖고 태어난다. 그러므로 정서에도 각각 차이가 있다. 똑같이 '수해'에 관한 방송을 보고도 마음아파하는 사람이 있는가 하면 담담한 사람도 있다. 아이들도 부모나 선생님이 뭐라고 말씀하시면 금방 얼굴이 빨개지거나 눈물을 주르르 흘리는 아이가 있는가 하면 씩 웃고 지나가는 아이도 있다.

이렇게 처음에는 자연스럽게 일어났던 정서적 반응에 대해 주위에서 특히 부모나 교사가 어떻게 대처했느냐에 따라 아이는 그런 반응에 더 민감하게 작용해서 예민한 아이가 되는 것이다.

지금 우리의 아이가 예민한 것 같다고 생각되면 다음과 같은 점을 살펴보고 부모의 태도를 바꾸어 보자.

병원에 오래 입원해 있거나 고통을 당했던 아이들은 신경이 예민해져 있는 것을 볼 수 있다. 건강에 대한 염려와 다시 현실에 부닥쳐야 되는 두려움 때문인데, 이는 일시적으로 일어날 수 있는 정서적 반응이지만, 이 때 부모가 자칫 과보호하기 쉽다. 이 기간이 길어지면 예민한 아이가 되므로, 부모가 아이의 두려운 마음은 인정해 주되 지나치게 염려하는 말이나 태도는 보이지 않는 것이 좋으며, 아이가 잘할 수 있을 것이라는 부모의 신념이 무엇보다 중요하다.

무슨 일에나 눈물을 무기로 삼는 아이는 현실 도피의 수단으로 눈물을 사용하는 것이다. 야단을 치다가도 아이가 눈물을 흘린다고 해서 상처받을 것을 염려하여 중단한다거나, 아이의 표정을 보고 측은하다고 여겨 특별 대우를 해 준다면 이 아이는 '예민한 아이'로 굳어 갈 것이다.

아이들은 심리적으로 불안하거나 자신감이 없거나, 위축되어 있는 등 정서적 장애가 있을 때 예민한 행동을 보인다.

그러나 이런 행동은 실제 예민한 것과는 거리가 있고, 아이가 정서를 현실도피 수단으로 사용하거나 어른에게서 특별한 대우를 받고자 하는 의도이므로 부모는 태도를 바꾸어야 한다.

아이가 울 때, '네 방에서 실컷 울고 나와라.' 하는 식으로 정서 반응의 자유는 허용하면서도 정서를 무기로 사용하지 않게 하는 것이 중요하다.

아이들은 심리적으로 불안하거나 자신감이 없거나, 위축되어 있는 등 정서적 장애가 있을 때 예민한 행동을 보인다. 이때는 그 원인이 어디에 있나 살펴보고 적절히 대처를 해야 아이가 모든 면에서 정상적으로 발달할 수 있으므로, 부모는 아이를 충분히 이해하는 태도를 보이는 것이 중요하며, 심한 경우에나 기간이 장기화될 때는 전문가의 도움으로 문제가 더 커지기 전에 예방하는 노력이 필요하다.

끊임없는 격려가
부정적 자아를 가진 아이를 바로 서게 한다

초등학교 2학년인 영우는 엄마가 상담을 의뢰한 아이였다. 첫 시간에 나와 다음과 같은 대화를 나누었다.

"영우야, 네가 왜 여기에 온 것 같니?"

"엄마가 가자고 했으니까요."

"그럼 엄마는 왜 네가 여기에 오길 바라셨을까?"

"내가 나쁜 아이니까요."

"어떤 점이 좋지 않은 것 같아?"

"난 잘못 태어났거든요. 태어나지 말았어야 했는데요."

"너는 네 자신에 대해 어떻게 생각하는데?"

"말썽만 부리고 마음이 비뚤어진 아이죠. 엄마는 내 마음 속을 알 수 없어서 선생님과 이야기해 보라고 데리고 왔어요."

이 아이는 부부 싸움이 잦고 아빠의 외박과 엄마의 가출이 반복되는 가정의 아이였다.

그 때문에 유치원에 다닐 때부터 엄마와 떨어지지 못해 적응하기 힘들었고 엄마가 가출하면 어김없이 고열과 소화불량으로 고통을 겪곤 했다.

초등학교를 입학하면서 시험을 보면 꼭 아는 것을 틀리고, 주의가 산만하여 선생님한테서 지적을 받았다.

영우가 갖고 있는 문제는 여러 가지가 있었지만 그중 대표적인 것은 자아 개념이 부정적인 것이었다. 즉 다른 사람이 나를 형편없는 사람이라고 생각할 것이라고 믿고 자기 스스로도 가치 없는 사람이며 태어나지 말았어야 한다고 생각하는 것이다.

우리는 살아가면서 여러 상황에 부딪히게 된다. 그 때마다 나는 괜찮은 사람이고 가치 있는 사람이라고 생각하면 행동도 적극적이 되고 현실을 긍정적으로 받아들이고 적응하게 된다.

반면, 나는 형편없는 사람이고 못할 것이라고 생각하게 되면 행동이 위축되고 자신감이 없어지며 현실을 인정하여 적응하기보다는 '남의 탓'으로 돌리거나 회피하려고 하는 행동을 보인다.

이처럼 부정적 자아를 가진 아이는 현실 인정과 적응에 장애가 생기므로 될 수 있는 대로 어린 나이에 긍정적 자아를 갖도록 도와 주어야 한다.

부정적 자아는 현실에서 아이 자신이 인정받지 못할 때 생긴다. 즉 항상 형은 학업이나 운동 등에서 우월한데 동생은 상대적으로 모든 면에서 열등하다고 느낄 때, 부모가 아이의 행동에 대해 칭찬이나 격려보다는 비난하거나 벌주는 일이 많을 때 아이에게 부정적 자아가 생기기 쉽다.

또 영우의 경우처럼 부부 싸움이 잦은 가정의 아이에게 부정적 자아가 생긴다. 특히 유치원 시기의 아이는 부모가 싸우는 것은 자기 때문이라고 생각하게 되며, 특히 동일시의 대상인 동성 부모를 보고 닮아 가는 것이므로 싸우는 부모를 보고 불안을 느끼며 부정적 자아를 갖게 된다.

부정적 자아를 가진 아이는 현실 인정과 적응에 장애가 생기므로 될 수 있는 대로 어린 나이에 긍정적 자아를 갖도록 도와 주어야 한다.

부모가 원하지 않았던 임신으로 출산한 아이거나 부모가 화풀이의 대상으로 아이를 나무랐을 때도 영향을 미친다.

부정적 자아를 가진 아이의 부모는 작은 일이라도 잘했다고 인정해 주고 남과 비교하지 말며, 특히 아이를 비난하는 태도를 고쳐야 한다. 아이에게 새로운 힘이 솟도록 끊임없이 격려해 주는 태도만이 아이를 바로 설 수 있게 할 것이다.

또래들과 어울리지 못하는 아이는
부모와 신뢰감부터 쌓게 하라

외아들인 영준이는 다섯 살이며 유치원에 다니는데, 또래와 어울리지 못하고 어쩌다 같이 놀 때는 꼭 친구들을 때리거나 할퀴는 등 난폭한 행동을 한다. 영준이의 부모는 선생님 뵙기도 민망하여 유치원을 그만 보내고 싶다는 생각이 든다며 걱정을 많이 했다.

요즘 자녀가 하나 아니면 둘이고 셋인 가정이 그리 많지 않다. 과거보다 자녀 수가 줄면서 부모가 자녀에게 쏟는 애정이나 관심의 양은 많아졌으나 형제끼리 부대끼고 어울리는 기회가 점차 줄면서 아이들에게 문제가 생기는 것 같다.

즉, 집안에서는 자기 의사 표현도 잘하며 귀여운 아이인데 유치원 등 또래들이 모이는 곳에 가면 부모가 예기치 못했던 문제들이 나타난다. 자기 의사 표시를 조금도 못한다거나 자기 주장만 한다거나 공격적이거나 매일 맞기만 하는 등 함께 어울리지 못하여 부모가 걱정하게 한다.

아기는 태어나서 엄마와 관계를 맺음으로써 대인 관계의 기초를 마련한다. 그리고 다른 어른이나 또래들과 사귀면서 사회에 적응하는 인간 관계 기술을 터득하게 되는데 이 과정은 일생 동안 영향을 미치는 중요한 경험이다.

성인이 되었을 때 정신과적 질환을 앓는 많은 경우가 6살 이전의 경험과 깊은 관련이 있는 것을 볼 수 있다. 그러므로 유아기의 사회성 발달에 문제가 생겼을 때 극복하지 않으면 문제가 점차 어려워지고 성격에도 좋지 않은 영향을 미치게 된다.

영준이의 경우는 외아들로서 또래들과 어울린 경험도 부족하고 양보할 줄 모르는 성격 때문에 자기 주장의 방법으로 공격적인 행동이 습관화되었다.

또래들과 어울리기는 좋아하지만 같이 놀 때마다 남을 때리거나 할퀴는 등의 행동을 보일 때 부모들은 자녀에게 매를 들어 다스리려고 한다. 그러나 이것은 폭력을 폭력으로 다스리려는 것이므로 오히려 역효과가 난다.

아이가 다른 아이를 때렸을 경우, 부모가 대신 때려 주는 행위는 남의 잘못을 용서하지 못하고 앙갚음하는 태도를 배우게 되므로 오히려 적개심만 쌓이게 된다.

이런 경우, 아이가 남을 때리는 행위는 갑자기 생긴 것이 아니라 어렸을 때부터 아이가 화가 났을 때 부모를 때리거나 비난함으로써 화풀이를 했던 경험들이 습관이 된 것으로 볼 수 있다.

그러므로 3살 전부터 아이가 남을 때릴 때는 단호하게 '안 된다'고 가르쳐야 한다. '아직 어리니까' '귀여워서' 등의 이유로 한두 번 용납했던 것이 아이가 자라면서 큰 문제에 부딪히게 만든다.

아이들이 또래들과 잘 어울리지 못할 때는 어디에 원인이 있는지 살펴보고 원인에 맞게 대처 방법을 선택하여야 한다.

또래들과 잘 어울리지 못하는 첫째 이유로 부모와의 사이에 기본적 신뢰감이 형성이 되지 않은 경우를 들 수 있다.

부모와의 기본적인 신뢰감이 부족한 아이는 또래와의 관계보다는 우선 부모에게서 사랑받고 있다는 확신을 갖도록 하는 것이 중요하다.

또 어려서 부모와 떨어져 지낸 시간에 불쾌한 경험을 했거나 지나친 좌절을 경험하여 위축되어 있는 경우에도 또래들과 깊게 사귀지 못한다.

부모를 잃어버렸거나 부모가 외출한 때 깨어 심하게 놀란 경험이 있었던 경우 등 부모와 떨어지는 것에 대한 불안 때문에 또래들과 오랫동안 놀지 못하고 엄마가 있는지 확인하려는 행동을 많이 하는 경우도 있다.

둘째로는 어려서부터 친구와 놀아 본 경험이 없을 때 잘 사귀지 못한다.

동네에 아이들이 없는 환경이거나 엄마가 사람 만나는 것을 싫어하는 성격이거나 다른 사람에게 폐 끼치는 것이 싫어 집 안에서만 아이를 키운 경우에 아이가 또래들과 잘 사귀지 못하는 것을 볼 수 있다.

셋째로는 과잉보호 속에서 자라 양보할 줄 모르고 지기 싫어하는 아이는 또래들과 어울리지 못한다. 요즘 부모들이 자녀들을 기죽이지 않고 키우려는 욕심이 지나쳐 양보할 줄 모르고 이기적이고 자기중심적인 '독불장군'으로 만드는 경우가 많다. 이런 아이는 따돌림을 당하기 쉬우므로 다른 사람을 때리거나 훼방을 놓는 등 공격적인 행동을 나타내기도 한다.

넷째로는 지나치게 소극적이고 자신감이 없는 아이들이 친구 사귀기에 시간이 걸린다. 이런 아이들 중에는 또래에게는 자기 의사 표시를 못 하면서 동생에게는 지나치게 공격적이고 난폭한 행동을 하는 것을 볼 수 있다.

다섯째로는 지능 발달이나 사회성 발달이 늦는 경우에도 또래와 어울리지 못한다.

사회성 발달도 다른 발달과 마찬가지로 개인차가 크다. 그러나 전반적으로 발달이 늦는 경우 또래 수준보다 떨어지므로 함께 어울릴 수 없어서 자기 수준에 맞는 아이와 어울리다 보니 어린아이들과 놀게 된다.

여섯째로 행동장애나 정서장애가 있는 아이는 또래들과 어울림에 어려움이 있다.

위와 같은 원인으로 아이들이 또래들과 잘 어울리지 못할 때는 세심하게 원인을 살펴보아 아이가 갖고 있는 문제를 극복하도록 부모는 격려해 주고 도와 주어야 한다.

부모와의 기본적인 신뢰감이 부족한 아이는 또래와의 관계보다는 우선 부모에게서 사랑받고 있다는 확신을 갖도록 하는 것이 중요하다. 신체 접촉이나 언어 표현으로 사랑한다는 감정을 전달하도록 노력하여야 한다.

만약 또래와 놀아 본 경험이 없을 때는 우선 함께 어울릴 수 있는 충분한 경험을 하도록 도와 주고, 나이보다 어린아이들과 놀 때는 야단치거나 지적하지 말고 오히려 그 시간을 충분히 활용하여야 한다.

지나치게 이기적인 아이에게는 무엇보다 양보심을 길러 주어 다른 사람에게 양보했을 때 친구들이 함께 놀려고 한다는 것을 가르쳐야 한다.

소심한 아이는 자신감을 갖도록 북돋워 주고, 장애가 있는 경우에는 우선 전문 치료 기관의 도움을 받아 건강하고 바른 아이로 클 수 있도록 도와 주어야 한다.

발표력이 부족한 아이, 잘 듣는 훈련부터 시키자

알아도 모르는 척 감추는 것을 미덕으로 여기던 시대도 있었다. 그러나 현대는 감추는 것보다는 적당한 시기에 자신을 드러내는 것을 중요시하는 시대이다. 즉 자기 홍보 시대인 것이다. 그러므로 부모들도 자녀가 남 앞에서 자신을 잘 드러내기를 바란다.

"우리 아이는 발표력이 부족해요." 하고 호소하는 부모의 아이들 중에는 자신감이 없어 발표를 못 하는 경우와 항상 나서기는 잘하지만 말의 앞뒤를 맞춰 조리 있게 이야기하지 못하는 경우가 있다.

자신감이 없어 자기 의사를 표현하지 못하는 아이 중에는 틀리면 어쩌나 하는 불안 때문에 위축되어서 손을 못 드는 경우가 많다.

이런 아이 가운데 일부는 집에서는 이야기를 조리 있게 잘하면서도 유치원이나 학교에서는 발표를 못하는 경우가 많은데, 이는 또래들과의 놀이 경험이 부족하기 때문이므로 자연스럽게 친구들과 놀 수 있는 기회를 만들어 주는 것이 필요하다.

잘 듣는 기술을 터득한 뒤에는 자신의 의사를 조리 있게 표현하는 기술이 필요한데 이 훈련도 부모가 시킬 수 있다.

우선 집으로 친구를 데리고 오게 하여 놀게 하고, 차츰 친구 집에도 보내는 등 사회적 경험을 체계적으로 할 수 있게 해 준다.

항상 나서기는 잘해도 발표하는 내용이 조리가 없고 이야기의 핵심을 잘 표현하지 못할 때에는 아이의 인지 수준에 대해 관찰을 해야 한다. 즉 사물을 어떻게 관찰하고, 어떻게 비교하며, 어떻게 느끼고 생각하는지의 수준을 살펴보는 것이다.

예를 들어 아이가 동화책을 볼 때 동화 내용의 사건이나 사물을 어느 정도 지각하고 이해하는지를 살펴보아 부족한 부분을 도와 주어야 한다.

'아이가 늦되다.'는 식으로 간단히 결론지을 것이 아니라, '비교는 잘하는데 유추는 못한다.' 등을 알 수 있도록 자세히 관찰해야 하며, 이런 관찰에서 나타난 부족한 부분을 보완해 주어야 한다.

또 사고력은 뛰어난데도 조리 있게 이야기하는 기술이 부족할 때는 이야기하는 훈련을 시켜야 한다. 그렇다고 무조건 웅변학원에 보내면 치유되는 것은 아니다.

부모가 좋은 모델이 되어 주고 아이를 이해해 주며, 격려하고 참을성 있게 기다려 주면 자연스럽게 발표력은 늘게 된다.

표현력이 부족한 아이는 우선 잘 듣는 훈련을 시켜야 한다. 먼저 부모가 시범을 보여야 하는데, 아이가 이야기할 때 부모가 다 아는 내용이라도 잘 알겠다는 표정을 짓고 언어로 맞장구를 쳐 주어야 한다. 그래야 아이도 이해받고 있다고 느끼게 되어 자발적으로 이야기하며 반영적反映的 경청을 하는 법을 배우게 된다.

잘 듣는 기술을 터득한 뒤에는 자신의 의사를 조리 있게 표현하는 기술이 필요한데 이 훈련도 부모가 시킬 수 있다.

먼저 아이에게 생각할 기회와 이야기할 기회를 많이 주어야 한다. 이때 이야기의 주제는 일상 생활이나 아이가 당연히 알고 있는 것에서 선택하고, 이야기하는 부담감을 줄여 주는 것이 필요하다. 그리고 짧은 동화책을 읽어 준 뒤 느낌이나 생각을 말할 수 있도록 체계적으로 유도하면 아이의 사고력과 표현력을 동시에 계발할 수 있어 도움이 된다.

이때 부모가 좋은 모델이 되어 주고 아이를 이해해 주며, 격려하고 참을성 있게 기다려 주면 자연스럽게 발표력은 늘게 된다.

주인공을 흉내내는 아이,
먼저 아이의 생각과 느낌을 들어 주어라

아이들의 엉뚱한 행동에 지나친 야단은 오히려 역효과

아이는 자기 주변의 사람들이나 주변에서 일어나는 일을 관찰하여 모방함으로써 사회적 행동을 배우고 익힌다. 즉 은연중에 부모의 행동이나 사고를 따라가게 되고 교사의 가치관에 일치하는 행동을 보이며 친구들의 행동을 보고 배운다. 즉 자신도 모르는 사이에 모방 심리가 발동하여 자연스럽게 보고 배우는 것이다.

어른에 비해 아이는 즉각적인 모방 행동을 잘한다. 텔레비전에 나오는 유명한 가수의 행동이나 코미디언의 언행이나 동작을 흉내냄으로써 주위의 관심을 집중시키고자 하는 아이는 아주 많다.

이때 아이들의 반응에 지나치게 민감한 어른들이 있다. 그러나 이는 이 시기 아이들의 심리적, 행동적 특성이기도 하므로 놀라거나 당황해하지 않아도 된다. 아이들의 이런 행동에 대해 가볍게 보아 넘기는 지혜도 필요하다.

모방은 아이들에게는 부정적인 영향도 미치므로 아이들이 바람직하지 않은 언어나 행동을 모방할 때는 그렇게 하면 왜 안 되는지, 아이가 그냥 따라

했을 때 다른 사람들이 어떻게 느끼는지를 이야기해 주는 것이 필요하다.

이때 무조건 야단치는 것은 좋지 않다. 자신이 결정한 모방 행동에 대해 지적하는 것이 아니라 자신에 대해 공격하거나 비난하는 것으로 느낄 수 있기 때문이다.

초등학교 저학년이라면 납득할 수 있게 차근차근 설명해 주는 것과 좋은 모델을 제시해 주는 것이 도움이 된다.

아이가 지나치게 외형적인 것에 몰두할 때는 내면적으로 멋을 갖춘 인물이나 위인들의 이야기를 접할 기회를 주는 것이 좋다. 그렇게 함으로써 동일시하고 싶은 모델을, 현존하는 사람이나 연예인 등 인기인에 국한하지 않고 자신의 적성이나 재능과 연관된 사람을 선택할 수 있도록 기회를 만들어 주어야 한다.

아이들은 쉽게 배우는 것이 많다. 기회만 주어지면 쉽게 모방하고 쉽게 적응한다. 그러므로 어른보다 새로운 환경에 더 쉽게 동화하고 자연스럽게 어우러진다.

반면 좋지 않은 행동도 쉽게 배우므로 아이들에게 좋지 않은 모델을 보이는 기회를 줄여야 한다. 지나치게 자극적인 영화나 드라마들이 아이들의 모방 심리를 바람직하지 않게 자극할 수가 있다.

그렇다고 이야기의 의도나 꾸밈 자체에 꼭 문제가 있는 것은 아니다. 아이들의 모험 이야기를 담은 동화는 영화, 연극 등을 통해 아이들에게는 꿈과 용기를 심어 줄 수 있기 때문이다. 즉 꿈과 용기가 있는 씩씩한 아이, 지혜롭게 행동하고 단결하는 좋은 모델을 보여 줄 수도 있다.

그러나 이렇게 좋은 결과를 얻기 위해서는 어른들의 노력이 앞서야 한다. 이런 영화의 제작자들은 이 이야기는 어디까지나 공상일 뿐 모방하면 안 된다는 호소력 있는 메시지도 반드시 삽입하는 것이 필요하다.

또 함께 영화를 본 부모라면 아이가 이 영화를 보고 어떻게 느끼고 어떤 생각을 하는지 함께 이야기를 나누는 자세가 필요하다. 이 때에도 먼저 아이의 기분이나 생각에 동조해 주고 아이가 주인공처럼 느낄 수도 있다는 것을 공감한다는 표현을 반드시 해 두어야 한다.

즉 부모도 어렸을 때 주인공처럼 되고 싶은 생각을 했었다고 표현해 주면 아이는 부모와 공감대 형성이 잘 된다고 느낄 수 있게 된다. 그러면 어떤 일도 부모와 의논하려고 하게 되어 위험한 사고도 사전에 예방할 수 있게 되어 도움이 된다.

부모가 먼저 아이의 감정을 읽어 표현해 주면 아이의 마음에 부모에 대한 신뢰가 생기므로 우선 부모의 노력이 필요하다고 본다.

공상의 세계와 현실 세계의 차이를 부모가 알게 해 주어야 한다

초등학교 고학년이 되면서 아이는 자연스럽게 부모에게서 점차 독립해 나간다. 신뢰하는 부모와 자녀 관계라도 부모에게 감추는 부분이 생기고 친구들과 비밀 행동 약속도 생긴다. 아이는 커 갈수록 스스로 판단하는 일이 많아지는데, 이때 아이의 사고력 수준에 따라 모방 심리에서 비롯되는 사고도 예방할 수 있다.

아이들이 모여 생각하고 결정하는 일은 대개 단편적인 면만 의식하고 결론 내리는 경우가 많다. 따라서 잘못될 수 있거나 단점을 생각하지 못하고 성급히 계획하는 것을 볼 수 있다.

무인도를 찾아가면 보물이 숨겨져 있고 그 보물을 찾으면 모두 자신의 것이 되고 따라서 자신은 부자가 될 것이라는 것만 믿게 된다. 그러나 무인도는 사람이 왜 살지 못하는 곳인지, 자신들의 능력이 어느 수준인지, 있을 수도 없는 일이지만 보물을 발견해도 그것이 곧 자신들의 것이 되지 못한다는 현실적인 판단조차 하지 못하는 것이 아이들이다.

부모가 먼저 아이의 감정을 읽어 표현해 주면 아이의 마음에 부모에 대한 신뢰가 생기므로 우선 부모의 노력이 필요하다고 본다.

즉 어떤 일을 계획할 때 장점을 모두 나열해 보고 각각의 경우 최악의 상태에 어떻게 대처할 수 있는지 예상해 볼 수 있는 합리적 사고력을 길러 주어야 사고를 사전에 막을 수 있다.

부모는 그런 허무맹랑한 사실을 믿지 말라고 단정적으로 야단치지만 말고 먼저 아이가 어떻게 느끼고 어떤 생각을 하는지 들어 주어야 한다. 두 번째로 장점과 단점, 잘 되었을 때와 잘못 되었을 때를 동시에 생각할 수 있도록 이끌어 주어야 한다.

이렇게 아이에게 합리적으로 생각하고 추리할 수 있는 사고력을 키울 기회를 주면, 부모가 없는 자리에서 의사결정을 할 때도 맹목적으로 따라하는 일은 없을 것이다.

부모가 먼저 가슴을 열고 자녀의 이야기에 늘 귀 기울이며 기다려 주는 자세만이 부정적인 모방 행동을 예방할 수 있다.

아이의 잘못에 과민한 부모가
아이의 거짓말을 부추긴다

아이들마다 개인차가 있기는 하지만 유치원에 다니는 아이들은 가끔 거짓
말을 하여 부모를 깜짝 놀라게 한다.

만 4살 이후의 아이는 말이 유창해지고 창의성과 상상력이 눈에 띄게 발
달하는데, 이 단계에서 거짓말을 하기 시작한다.

이렇게 발달 단계에서 나타나는 거짓말은 현실과 환상을 혼돈하거나 상
상력의 표현으로 나타나지만 나이가 들면서 점차 없어지는 것이 정상이다.
그러나 일부는 어떤 목적을 위한 수단으로 거짓말을 하기도 하고 후에는 스
스로 통제하기 불가능할 정도로 습관화되어 걱정거리가 되기도 한다.

그러면 이렇게 자연스럽게 나타나는 아이의 거짓말에 부모가 어떻게 대
처하는 것이 바람직한가 살펴보자.

부모는 아이가 거짓말을 하게 되면 우리 아이의 발달 단계가 어디에 있으
며 왜 거짓말을 하는가에 먼저 관심을 두어야 한다.

부모들은 대부분 처음 아이가 거짓말을 하면 무슨 도둑이나 죄인처럼 엄
하게 다루는데 아이는 사실과 환상을 혼돈하여 이야기해 본 것 때문에 죄의
식을 갖게 되거나 자기 비하의 상태에 놓이게 되기도 하므로 발달 단계에서

나타나는 거짓말의 경우는 현실과 환상을 구별해 주는 부모의 반응이 중요하다.

열심히 인형놀이나 로봇놀이를 하던 아이가 "엄마, 후레쉬맨이 우리 집에 놀러 왔어." 하고 이야기하면 너는 "후레쉬맨이 우리 집에 왔으면 하고 생각했구나."라고 대답해 주어 아이가 한 이야기는 생각이나 느낌이지 현실이 아님을 인식할 수 있도록 도와 준다. 그러면 "그래, 엄마. 후레쉬맨이 우리 집에 왔으면 좋겠어." 하며 현실로 돌아오는 것을 볼 수 있는데, 이런 단계는 아이가 자라면서 자연스럽게 없어지는 부분이다.

아이가 자신의 죄의식이나 실수를 만회하기 위해 또는 벌을 피하기 위해 거짓말을 하는 경우가 있다.

유치원에서 벌을 받았는데 집에 와서는 "엄마, 나 오늘 칭찬받았어." 하고 사실을 바꾸어 말하거나, 자기가 한 실수에 대해 동생이나 다른 아이가 했다고 하거나 자기가 한 잘못의 원인이 자기에게 있는 것이 아니라 '~ 때

> 발달 단계에서 나타나는 거짓말의 경우는 현실과 환상을 구별해 주는 부모의 반응이 중요하다.

문이다.'라고 핑계를 만들어 거짓말하는 경우가 있다. 이런 경우를 자세히 관찰해 보면 아이의 잘못에 대한 부모의 평소 반응이나 태도에 그 원인이 있다.

잘했을 때만 칭찬을 받고 잘못했을 때는 심하게 벌을 받는 아이가 벌을 피하기 위해 자꾸 거짓말을 하여 습관이 되는 것을 볼 수 있다. 평소에 아이의 잘못에 과민하게 반응하고 심문하는 태도를 보이거나 심하게 벌을 주는 대신 다음에는 잘해 낼 수 있을 것이라는 격려를 해 주면 아이의 거짓말을

고칠 수 있다.

아이들도 어른들처럼 자신을 잘 보이고 싶어 '우리 집에 ~있다.' '새 장난감 있다.' 등의 거짓말을 하기도 한다. 이것은 어른의 세계에서 영향을 받은 것이므로 부모가 겸손한 태도를 보이고 남이 나를 어떻게 봐 주느냐보다 자신이 생각했을 때 옳았느냐가 중요하다고

잘했을 때만 칭찬을 받고 잘못했을 때는 심하게 벌을 받는 아이가 벌을 피하기 위해 자꾸 거짓말을 하여 습관이 되는 것을 볼 수 있다.

가르침으로써 더 성숙한 아이로 키울 수 있다면 거짓말은 염려하지 않아도 될 것이다.

아이가 이야기할 때 부모는 절대 심판자가 되지 말고 아이와 함께 생각하여
잘못된 점을 깨달을 수 있도록 이끌어 주어야 한다. 아이의 행동에 관해 잘잘못을 가리기보다
자녀의 현재 마음, 정서, 감정의 상태에 대해 부모가 이해하고 있다는 것을 언어나 표정으로
표현해 주어야만 아이는 이해받고 있다고 느껴 숨김없이 이야기를 계속할 수 있다.

제2장 이럴 때는 이렇게

대화할 때는 부모에게
이해받고 있음을 느끼게 하라

부모라면 누구나 자녀를 잘 키우기 위해 물심양면으로 투자하고 노력을 아끼지 않는다.

밤낮으로 우는 아이를 안고 서성이는 신생아의 부모부터 조기교육의 중요성에 촉각을 세우고 있는 유아의 부모들, 학교 성적이나 예체능 어느 하나라도 다른 아이에게 뒤질까 염려하여 하루에 학원을 몇 군데씩 보내는 부모들, 과외 공부를 하거나 도서관에서 공부하고 늦게 귀가하는 아이를 위해 서성이며 기다리는 부모들까지 모두 당면한 자녀의 현실 문제로 함께 아픔을 겪고 있는 것 같다.

이렇게 함께 아파하는 부모와 자녀라면 분명 한배를 타고 있을 텐데 그들이 겪는 갈등은 역할에 따라 또 입장에 따라 매우 다르다는 것을 알 수 있다.

그러면 바람직한 부모와 자녀 관계를 이루기 위해 부모는 자녀와 어떻게 대화를 해야 도움이 될까 생각해 보자.

부드러운 분위기에서 이야기하자 이야기가 시작되는 분위기는 항상 자유스러워야 한다. 많은 부모들이 아이들이 잘한 일을 이야기할 때는 비교적 잘 이끌어가지만 잘못한 일이나 잘못 생각한 일을 이야기할 때에는 아주 딱딱한 분위기에서 엄한 목소리와 굳은 표정으로 대하게 되는 경우가 많다. 따라서 아이들은 잘한 일만 의기양양하게 이야기하게 되고 잘못한 일은 꾸중이나 비난이 두려워 숨기거나 거짓말을 하는 경우가 있다.

아이가 이야기할 때 부모는 절대 심판자가 되지 말고 아이와 함께 생각하여 잘못된 점을 깨달을 수 있도록 이끌어 주어야 한다. 아이의 행동에 관해 잘잘못을 가리기보다 자녀의 현재 마음, 정서, 감정의 상태에 대해 부모가 이해하고 있다는 것을 언어나 표정으로 표현해 주어야만 아이는 이해받고 있다고 느껴 숨김없이 이야기를 계속할 수 있다.

조언을 해 줄 땐 부드러운 분위기에서 아이가 잘 이해할 수 있도록 해야 하며, 그래야만 아이의 마음 속에까지 닿을 수 있다.

자녀가 이야기하고자 할 때 하자 아이가 궁금하여 질문하거나, 이야기하고 싶어할 때 곧바로 이야기하는 것이 효과적이다. 만약 아이가 질문을 했을 때 "다음에 하자." 하고 미룬다면 아이는 다시는 묻지 않을 수도 있다. 왜냐하면 호기심이 사라졌거나 잊어버릴 수 있기 때문이다.

> 아이가 이야기할 때 부모는 절대 심판자가 되지 말고 아이와 함께 생각하여 잘못된 점을 깨달을 수 있도록 이끌어 주어야 한다.

또 "아직은 몰라도 된다. 다음에 크면 알게 돼." 라는 말을 자주 들었던 아이는 '이런 문제는 이야기하면 안 되는구나.' 하고 단정해 버리므로 청소년기가 되어도 부모에게 쉽게 고민을 털어 놓기보다는 해답을 밖에서 찾으려 한다. 또 부모가 이야기를 시작하려고 할 때도 아이 쪽에서 "몰라도 돼요." 하고 대화의 문을 닫아 버리게 된다.

그러므로 어렸을 때 궁금한 것에 대해 부모가 거리낌없이 대답해 주었던 아이들만이 청소년기에 부모와 대화할 수 있다.

아이들이 알아서 안 될 일은 없다 아이들은 일상에서 접하는 모든 일에 관해 호기심을 느낀다. 때로는 어른들이 말하기 곤란해하는 내용에 관해서도 호기심을 반짝이며 질문을 해 온다.

가끔 부모들은 어떤 문제에 있어서는 아이들이 듣고 싶어하지 않을 것이라고 착각하거나 들어도 도움이 안 될 것이라고 속단하는 경우가 있는데 아이가 알아서는 안 될 일이라곤 이 세상에 없다고 본다. 다만, 아이가 알고 싶어하는 내용을 어디까지 어떻게 이야기해 주어야 하는가가 중요하다.

이야기의 주제를 크게 벗어나지 말아야 한다 아이에게 너무 많은 이야기를 하다 보면 아이는 핵심은 물론 이야기를 모두 잊어버리게 된다.

거실에 장난감을 늘어놓은 아이에게 "얘, 장난감 치워." 하면서 "저 문 좀 닫아라"라고 말하면 아이는 "네!" 하고 대답을 해놓고는 장난감도 그냥 놓고 문도 열어 놓은 채 자기 방으로 들어가는 것을 볼 수 있다.

이렇게 아이에게 한꺼번에 여러 가지 지시를 하면 어느 것도 따르지 못하듯이 조언도 마찬가지다.

조언은 간단하고 명료하게 하되 이야기 주제에서 벗어나지 않도록 해야 한다.

아이의 의견을 존중하자 부모와 자녀의 관계는 수직적 관계가 아닌 수평적 관계이어야 하며 아이가 말할 때 부모는 잘 듣고 있다는 반응을 보여 주어야 한다. 만약 아이가 틀린 이야기를 하더라도 즉시 말을 자르지 말고 "만약

~라면 어떨까?" 하고 돌려서 아이가 미처 생각지 못했던 것을 생각할 수 있는 기회를 주어야 한다. 그래야만 아이의 생각하는 힘이 커지며, 부모가 단정적으로 답만 들려 주면 아이는 수동적이 되거나 생각하는 것 자체를 포기하려 할지도 모른다.

아이의 말을 열심히 들어 주면서 답을 이끌어 내는 방법으로 아이를 존중해 주는 태도를 몸에 익히자.

부모 충고를 따르지 않았다고 화내지 말자 아이가 고의건 아니건 간에 충고를 따르지 않아 손해를 입었다면 실수를 통해 배움의 기회를 가진 것이다. 즉 어렸을 때의 실수가 값진 경험이 되는 것이다. 실수를 하더라도 부모가 아이를 충분히 이해하고 공감해 주면 어떤 문제에 부닥치더라도 항상 부모와 의논하려 할 것이다.

자녀와 대화하기를 원하는 부모라면 마음을 열고 부드럽게 다가가는 일을 지금부터 해 보자.

잘못을 했을 때는 벌보다 '격려'라는 방법을 쓰자

체벌, 즉각적인 효과 있지만 나쁜 영향이 더 많다

얼마 전 학교에서 교사가 아이를 때리자 아이의 부모가 소송을 하여 법원이 교사의 과실로 인정하는 판결을 내린 일이 있었다.

이 사건은 교사와 학부형의 입장과 시각이 서로 다르다는 것을 다시 한 번 확인하게 하는 계기가 되었다. 즉 교사들은 아이들의 체벌에 관해 집단 교육의 통제 수단으로 매를 사용할 수밖에 없다고 하고 부모들의 과민 반응이나 과보호의 예로 이 사건을 평가하려는 경향이 있다.

학부형의 입장에서 보면 교사의 체벌이 교육적인 최선의 방법이라고 단정할 수 없으며, 인간성을 중요하게 여기지 않는 처사라고 생각할 수도 있다.

어쨌든 체벌에 관한 논쟁은 오늘에 갑자기 생긴 일은 아니며, 우리나라에서만 논란이 되고 있는 일도 아니다. 구미 각국에서도 서로 조금씩 다른 견해는 있지만 논란은 계속되고 있으며 나라마다 조금씩 차이를 보인다.

미국이나 영국은 체벌을 상당히 허용하고 있는 나라로서 '사랑의 매'라는 견해를 가지고 있다. 그러나 유럽 대부분의 국가들은 19세기 후반부터 인간주의 교육관이 널리 퍼져서 점차 체벌은 법으로 금지하고 있으며, 사회주의 국가들도 대부분 법으로 금지하고 있다고 한다.

이렇게 논란이 되고 있는 체벌은 사실 학교에서만 있는 일은 아니다. 특히 대부분의 아이들이 학교 가기 전부터 맞아 본 경험이 있거나 집에서 매로 길들여진 경우도 있다.

또 때리는 교사들도 그들이 어린 시절 가정과 학교에서 어떻게 교육을 받았느냐에 따라 다르다고 할 수 있다. 즉 많이 맞아 본 교사가 체벌을 많이 하는 것 같다.

이렇게 교사나 부모에게서 아이들이 매를 맞으며 자라고, 그렇게 자란 아이가 부모나 교사가 되면 또다시 체벌을 습관적으로 가하는 악순환이 계속된다.

학교에서의 체벌은 사회적인 차원에서 해결하기를 기대하더라도 부모가 자녀에게 가하는 체벌에 대해서는 다시 한 번 생각해 보고 올바른 양육 태도를 가져야 한다.

자녀를 둔 부모들이 아이들에게 매를 드는 이유는 거의 공통적이다. 부모가 생각할 때 아이가 바람직하지 않은 행동을 했기 때문에 그런 좋지 않은 행동을 다시는 하지 말라고 매를 들게 된다는 것이다.

그러나 결과를 보면 부모의 의도와는 다른 경우가 대부분이다. 아이는 똑같은 잘못을 반복하고, 부모는 그때마다 체벌의 강도를 높여 갈 뿐 방법을 바꾸지 않음을 볼 수 있는 것이다.

부모가 아이를 대하는 태도나 방법을 보면 그들의 부모들이 하던 대로 하고 있음을 알 수 있다. 꼭 그들이 부모에게서 잘 양육받았다고 느껴 일부러 보고 배우는 게 아니라 알게 모르게 부모가 하던 방법을 보고 배워 은연중에 습관이 된 것이다.

　요즘 육아에 관한 책은 홍수처럼 많이 쏟아져 나온다. 읽어 보면 다 알 듯하지만 막상 나 자신도 아이를 대하는 나의 태도가 못마땅하고 난감할 때가 많으며, 아이에게 가하는 체벌의 방법 또한 마음에 들지 않을 때가 많다. 그러므로 아이를 대하는 부모의 태도는 교육으로 되는 것이 아니라 훈련이 필요한 것이다.

　체벌에 관해서는 논란이 많으나 필자의 견해로는 어떠한 일이 있어도 체벌은 하지 말아야 한다. '매를 아끼면 아이를 버린다.'거나 '사랑의 매'라는 잘 포장된 언어로 부모의 폭력을 정당화하려고 하지만, 어쨌든 최선의 방법은 아니라고 생각한다.

　매나 벌을 사용하면 아이의 바람직하지 않은 행동은 즉각 중단될 수 있다. 그러나 그것은 일시적인 중단일 뿐이며 부모가 회초리를 드는 횟수가 잦아지고 아이는 그야말로 맷집만 좋아지는 것을 볼 수 있다.

　그렇다면 우선 벌이 아이에게 어떤 영향을 미칠지 생각해 보자.

> 아이를 대하는 부모의 태도는 교육으로 되는 것이 아니라 훈련이 필요한 것이다.

　첫째, 벌은 권위적 표현이며 동등한 인간 관계가 아닌 수직적인 인간 관계에서만 가할 수 있는 것이므로 민주주의 사회에 역행하는 것이다. 즉 벌이란 항상 윗사람이 아랫사람에게 주는 것이며 상호 존중하는 관계가 아니므로 민주적인 방법이라고 할 수 없다.

　벌을 받고 자란 아이는 벌을 받지 않기 위해서 다른 사람과 동등한 인간 관계를 맺으려 하기보다는 다른 사람을 자신의 아래로 생각하고 조종하려는 수직적인 관계 맺기를 반복하려 할 것이다. 이런 사고를 가진 사람은 민주주의 사회에서 환영받지 못하여 사회 적응에도 문제가 생길 수 있다.

대부분 벌 주는 사람은 지혜보다는 힘으로 누르려 하기 때문에 실제로 효과적인 관계 맺기를 못 하게 되는 것이다.

둘째, 벌 받는 아이는 자신이 어떤 행동을 해서 부모를 화나게 하였고 부모를 화나게 했기 때문에 자신이 벌을 받았다고 생각한다. 그러므로 벌을 받고 나면 부모의 의도와는 달리, 자신의 잘못을 올바르게 인식하기보다는 부모를 화나게 해서 벌을 받았다고 생각하게 된다.

셋째, 벌은 상대방을 경멸하고 사랑의 유대 관계를 위협한다. 벌을 받는 당시에 대부분의 아이들은 왜 매를 맞게 되었는지 이유를 생각하기보다는 '아프다' '엄마가 밉다' '싫다' 등의 감정을 갖게 되고, 이때 자신에게 좋지 않은 감정을 갖게 한 상대방에 대해 미움과 증오심이 생기게 되어 부모 자녀의 관계만 나빠지는 것을 볼 수 있다.

넷째, 벌을 주기 시작하면 부모 자신도 다른 방법을 찾으려 하지 않고 일시적 효과가 큰 벌을 반복적으로 사용하게 된다. 이렇게 습관적으로 벌을 주다 보면 아이는 벌을 피하기 위해 거짓말을 하거나 또 다른 바람직하지 않은 행동을 하게 되므로 효과적이지 못하다.

끝으로, 벌은 순종을 강요하기 때문에 아이가 스스로 자신을 평가할 기회를 빼앗게 된다. 자율적인 결정이 아닌 타율에 의해 행동하게 되므로 어른의 눈치만 살피거나 비위를 맞추려는 아이로 자랄 염려가 있다.

위에 열거한 것 외에도 벌의 부작용에 대해서는 교육적으로 많은 연구가 있다. 그러나 부모가 매를 들거나 벌을 주는 방법 외에는 다른 방법을 모르는 경우도 있으며, 설사 그런 방법을 쓰지 않으려고 해도 하루 아침에 바꿀 수는 없다. 최소한 다음과 같은 점을 염두에 두고 벌 주는 방법을 개발하자.

벌을 준다면 이것만은 꼭 지키자

벌이란 매를 맞거나 손 들고 서 있는 것만은 아니다. 벌은 내용이 정해져 있는 것이 아니며, 똑같은 행동도 어떤 아이에게는 벌이 될 수 있고 다른 아이에게는 즐거움이 될 수도 있다. 그러므로 먼저 벌이 될 수 있는지를 생각해 보아야 한다.

벌은 아이가 원하지 않고 싫은 것이어야 한다. 또 무조건 신체적으로 아픔을 느끼게 하는 방법에서 벗어나도록 노력하자.

신체적 체벌은 부모의 감정이 아이에게 전달될 수 있어 좋지 않다. 어떤 독일 부인은 아이가 잘못을 저질렀을 때 아이의 옷장 서랍을 쏟아 놓고 다시 정리하는 일을 벌로 사용했다고 한다. 이런 방법도 벌 주는 방법으로는 좋은 방법인 것 같다. 그러나 이때 아이가 만약 정리하는 것을 즐거워한다면 이 아이에게는 벌이 될 수 없다는 점도 명심하여야 한다.

부모가 약속하지 않은 일이나 아이가 처음 잘못한 것에 대해서는 벌을 주지 말아야 한다. 아이가 잘못인지 아닌지도 모르는 상태에서 체벌을 가한다면 아이는 무엇을 잘못했는지 생각하기보다는 부모의 화풀이라고 느껴 부모를 위협적인 존재로 생각할 수 있기 때문이다.

아이가 잘못한 일이라면 왜 잘못인지를 납득하게 하고 다음에 이런 일이 반복되었을 때 어떤 벌을 받을 것인지 다짐을 해 두도록 한다. 그러면 다음에 똑같은 실수를 했을 때 아이는 벌을 예상할 수 있고, 이 벌은 약속된 벌이므로 부모 때문이 아니고 자신의 잘못 때문이라고 생각하게 되어 부모 자녀의 관계가 악화되는 것을 막을 수 있다.

> 아이가 잘못한 일이라면 왜 잘못인지를 납득하게 하고 다음에 이런 일이 반복되었을 때 어떤 벌을 받을 것인지 다짐을 해 두도록 한다.

벌로서 매를 드는 일이 잦은 부모라면 매는 반드시 '정해진 매'로만 사용해야 한다. 즉 옆에 있는 빗자루나 막대기 등 아무 물건이나 닥치는 대로 사용하는 것은 절대로 피해야 한다. 이것은 화풀이지 교육적인 벌이 될 수 없기 때문이다.

또 정해진 매를 가지러 가는 동안 부모 자신도 감정 조절이 되어 아이에게 화풀이하는 것을 막을 수 있다.

어떤 엄마는 매를 들고자 할 때 화가 나면 일단 한 대는 바닥을 치고 그 다음부터 매를 든다고 한다. 이렇게 화나는 감정을 스스로 조절하여 아이에게 피해가 덜 가게 하는 방법도 지혜로운 방법이 될 수 있다.

체벌이 효과적인 나이는 어릴 때이다. 아이의 나이가 많아짐에 따라 체벌의 효과는 오히려 감소하고 부모 자녀 관계에서는 더 나쁜 영향을 미치게 되어 가출이나 자살과 같은 극단적인 결과로까지 갈 수 있다. 따라서 부모들은 매를 드는 습관을 줄이도록 노력해야 한다.

벌은 가끔 주어야 그 효과가 있지만 반복적 습관적으로 매를 들면 아이도 면역이 되어 벌 받을 때뿐이고 결국 반복적인 행동을 계속하게 된다.

아이와 약속된 체벌이라도 말로 아이를 비난하며 잔소리를 덧붙이면 체벌의 효과는 오히려 줄어든다. 매를 들기 전에 이유를 설명하고 매를 들 때는 말로 잔소리를 하지 않아야 한다.

어떤 벌이고 아이가 왜 벌을 받는지를 알고 있을 때만 벌은 효과가 있다. 나중에 "왜 벌을 받았지?"하고 물으면 유치원 나이의 아이들도 엉뚱한 이야기를 하는 것을 볼 수 있는데 이런 일은 없어야겠다.

벌을 주는 방법이나 부모의 태도도 중요하지만 벌을 준 다음의 부모의 태도도 중요하다. 아이에게 벌을 준 다음 곧 아이를 끌어안고 엄마가 너를 얼마나 사랑하는지 아느냐 또 그러지 말라는 등의 이야기로 설교하는 것은 아이에게는 병 주고 약 주는 격이다. 벌을 받더라도 부모에게 사랑의 표현을 원하는 아이는 잘못을 오히려 반복할지도 모른다.

그 대신 아이에게 왜 벌을 받았는지 다음부터는 어떻게 하기로 할 것인지, 똑같은 잘못을 했을 때는 어떻게 벌을 받기로 할 것인지를 다짐하고, 같은 실수를 하지 않기 위한 노력의 구체적인 방법을 찾게 하는 것이 좋다.

어떤 벌이라도 교육적으로 효과가 좋은 방법은 아니다. 또 벌이 주는 해가 너무 크기 때문에 부모 자신이 벌을 주지 않을 수 있도록 자기 계발에 힘써야 한다. 그렇다면 벌 대신 사용할 수 있는 방법에는 어떤 것이 있을까?

벌이나 칭찬 대신 '격려'를

우리 부모들은, 자식은 부모에게 순종하고 아내는 남편에게 순종하는 것이 미덕이라고 강요받고 살아온 세대이다. 그러나 현재는 민주주의를 바탕으로 모든 관계가 맺어지고 있다. 즉 사회 구조 자체가 전제적 구조에서 민주적 구조로 바뀌고 있으며 여성과 남성 또한 똑같이 대접받고 있다.

우선 가정에서 민주적인 교육을 하지 않고는 사회가 추구하는 인간으로 교육할 수 없고, 민주적으로 교육받지 않은 사람은 사회를 민주적으로 이끌어 가지 못한다. 우리가 살고 있는 사회는 모든 사람이 동등하게 대우받기를 원하는 평등한 사회로 바뀌어 가고 있으므로 아이들은 이런 변화의 영향을 받지 않을 수 없는 것이다.

그러므로 아이를 대하는 부모의 방법도 칭찬, 벌 등과 같은 옛 방식에서 벗어나 아이가 자신의 행동에 책임을 지는 방법으로 바꾸어야 하고, 격려로써 아이를 지도해야 한다.

격려는 아이가 잘했을 때나 잘못했을 때 모두 사용할 수 있는 방법이다. 또 아이에게 해가 가지 않고, 많이 사용할수록 부모와 자녀 사이에 친밀감과 신뢰감을 높여 주는 방법이므로 효과적이다.

비가 온다는 일기예보가 있었다고 가정하자. 옛날 같은 방법으로는 아이에게 비가 올 것이니 우산을 가져가라고 명령할 것이다. 그러면 아이는 선택의 여지가 없다. 우산을 가져가라는 지시를 받았기

> 격려는 아이가 잘했을 때나 잘못했을 때 모두 사용할 수 있는 방법이다. 또 아이에게 해가 가지 않고, 많이 사용할수록 부모와 자녀 사이에 친밀감과 신뢰감을 높여 주는 방법이므로 효과적이다.

때문에 지시에 따르느냐 거역하느냐에 따라 착한 아이가 되기도 하고 말 안 듣는 아이가 되기도 한다. 이때 만약 비가 오지 않았다면 아이는 '엄마 때문에' 비도 안 오는데 힘들게 우산을 갖고 갔었다고 불평할 것이다.

그러나 아이가 스스로 선택하고 자신의 선택에 자신이 책임을 지는 책임감 훈련 방법을 사용한다면 다르다. 부모는 아이에게 비가 온다는 예보가

아이는 부모에게 존중받고 이해받는다고 생각하여 쓸데없는 고집을 부리지 않고 신중하게 결정하며, 그 결과를 스스로 책임지는 사람이 될 것이다.

있었다는 것만 알려 주고 우산을 가져가는 결정은 아이가 하도록 한다. 아이는 지금 귀찮아도 만약 비가 온다면 우산이 도움이 될 것이고, 지금 그냥 가면 비가 올 때 난감한 것을 예상하고 두 가지 중 자신이 어떤 것을 선택할까 망설일 것이다.

이때 아이가 어떤 결정을 내려도 부모는 강압적으로 그 결정을 바꾸지 말아야 한다. 아이는 만약 우산을 가지고 가지 않았다면 비를 맞고 오게 될 것이다. 이것은 엄마의 책임이 아니라 자신이 선택을 잘못했기 때문이라고 생각하게 되어 다음부터는 비가 온다는 일기예보에는 어떻게 대처하는 것이 좋은지 스스로 바르게 결정할 수 있고, 선택을 더욱 신중하게 하는 태도를 갖게 될 것이다.

만약 비가 온다는 예보에도 아이가 우산을 가지고 가지 않겠다고 결정했을 경우 하교할 때 비가 왔다면 비를 맞고 집에 오도록 그냥 두어야 한다. 이때 부모가 우산을 들고 학교까지 데리러 간다면 아이는 다음에도 똑같은 실수를 되풀이할 것이다.

아이는 실수해 봐야 한다. 그러나 그 실수 뒤에 부모가 어떻게 반응해 주었느냐에 따라 값진 교훈이 되기도 하고 같은 실수를 되풀이하게 되기도 한다.

아이가 선택을 잘못하여 비를 맞고 왔다면 이 일에 대해 비난하거나 야단치는 일은 절대로 하지 말아야 한다. 부모가 야단치지 않아도 아이는 자신의 결정에 대한 결과를 충분히 경험했기 때문이다. 아이의 결정으로 생긴 결과는 모두 아이가 스스로 느끼게 해 주되 아이가 선택을 잘못하여 비를 맞은 사실은 엄마도 걱정스러운 일이라는 표현을 해 주면 충분하다.

아이는 부모에게 존중받고 이해받는다고 생각하여 쓸데없는 고집을 부리지 않고 신중하게 결정하며 그 결과를 스스로 책임지는 사람이 될 것이다.

아이들의 폭력, 원인은 부모의 폭력에 있다

어려서 '부모의 매'로 길들여진 아이들은 어른이 되면 또 아이들을 매로 다스리려고 한다. 문제 해결의 수단으로 폭력을 사용하는 것을 아주 자연스럽게 배움으로써 수평적 인간 관계가 아닌 수직적 인간 관계에서 자기의 의사 관철을 위해 폭력을 사용하게 되는 것이다.

폭력은 위에서 군림해야만 가능한, 민주주의에 역행하는 행동이므로 폭력의 근절을 위해서는 부모의 폭력, 교사의 폭력 등에서 아이들이 벗어나게 해 주어야 한다. 특히 어린 시기는 모방을 잘하고 판단 능력이 부족하기 때문에 비판없이 습관이 되는 경우가 많다.

부모들은 대개 이중 기준을 갖고 폭력을 이해하려 한다. 아이가 잘못했을 때 부모는 당연히 때릴 수 있다고 생각하면서 형제간의 싸움에서는 때리고 싸운다고 크게 꾸짖는다. 그리고 형제간의 싸움에서 폭력을 사용하면 심하게 나무라면서도 밖에서 친구와 싸워서 맞고 들어왔을 때는 화를 내는 경우가 많다. 어떤 경우는 아빠가 맞고 들어온 아이에게 "바보같이 매맞고 다니냐. 너도 맞지만 말고 때려라. 치료비는 아빠가 얼마든지 물어 줄게."라고 말하였다고도 한다.

좀 지나친 예로 들릴지 모르겠지만 정도의 차이는 있어도 이런 생각을 갖고 있는 부모들이 적지 않은 것 같다. 이런 생각 속에서 자란 아이들은 맞고 들어오는 착한 아이이기보다는 때리더라도 울지 않고 들어오기를 바랄 것이라는 마음으로 폭력을 정당화하게 된다.

이런 생각으로 아이를 키우는 부모가 많고 이렇게 자란 아이가 점차 많아지면서 아이들이 폭력을 당하고 들어오는 경우도 많아져 심한 경우에는 정서 장애를 일으키기도 한다.

상담실을 찾은 아이 중에는 초등학교에서 교사에게 학대로 맞았거나 친구들이나 상급 학년의 아이들에게 집단 구타를 당하여 의기소침하고 깜짝깜짝 놀라는 증상을 보이는 아이가 있었으며, 부모가 지나치게 매질을 하여 정신질환을 앓는 부산하고 산만한 아이도 있었다.

초등학교 이후의 문제는 사회적 차원에서 해결책을 찾더라도 미취학 아이들의 피해는 우리 부모들이 최소한으로 줄일 수 있으므로 이 아이들에 대해 생각해 보기로 하자.

부모의 폭력이 원인일 때

아이는 대부분 부모에게 처음으로 매를 맞는다. 대부분 아주 어린 시절, 돌 무렵이나 18개월 무렵 아이를 매로 다스리려는 사례가 두드러진다. 부모들도 이 시기에 아이에게 매를 들었는가 아닌가에 따라 앞으로도 매를 드는 부모가 될지 아닌지가 결정된다.

즉 이때에 매를 들지 않고 아이를 키우면 유치원 시기, 그 후까지도 매를 사용하지 않고 아이를 키울 수 있으며 이때 매로 아이를 다스리기 시작한 부모는 계속 급한 상황에서는 매를 드는 것을 볼 수 있다. 그러므로 대소변 훈련 시기에 매를 들지 않는 훈련이 중요하다.

부모가 분노로 격앙된 때에는 아이에게 절대로 매를 들어서는 안 된다. 이때 매를 들게 되면 부모의 감정이 아이에게 전달되어 아이는 자신의 잘못은 생각하지 못하고 부모가 나를 아프게 하고 나를 미워하며 나를 사랑하지 않는다고까지 비약하여 생각하게 된다.

어떤 엄마는 말귀를 잘 알아들을 것 같은 아이가 자꾸 소변을 실수한다고 그때마다 회초리를 들었는데, 아이는 용변을 가리는 대신 화장실을 자주 드나들고 팬티에 소변을 한 방울씩 묻히는 버릇이 생겼다. 그 아이가 유치원에 가서는 다른 아이 앞에서 자기 의사를 표현하려면 무조건 친구를 밀거나 무엇을 빼앗거나 때리는 행동을 하였다. 그때마다 교사가 지적하면 두 손을 모아 싹싹 빌지만 그때뿐이고 똑같은 행동을 반복하는 것을 볼 수 있었다.

이렇게 매맞고 자라지 않게 하는 것은 아이를 위해서도 중요하지만 부모도 자꾸 매를 들게 되면 매가 아닌 훈육 방법의 개발에는 신경을 쓰지 않기 때문에 올바른 양육 태도를 갖기 위해서도 매의 사용은 절제해야 한다.

매를 많이 드는 부모일수록 매를 많이 맞은 경험이 있는 경우가 많다. 그러므로 부모의 매가 아무리 '사랑의 매'라는 이름으로 포장이 되었다 하더라도 매를 들 때의 부모의 감정 상태는 중요하다. 부모가 분노로 격앙된 때에는 아이에게 절대로 매를 들어서는 안 된다.

이때 매를 들게 되면 부모의 감정이 아이에게 전달되어 아이는 자신의 잘못은 생각하지 못하고 부모가 나를 아프게 하고 나를 미워하며 나를 사랑하지 않는다고까지 비약하여 생각하게 된다. 그래서 부모에게 반드시 복수하고 싶은 마음이 어떤 형태로든 생길 수 있으므로 부모는 감정이 전달되는 매는 절대로 들어서는 안 된다.

부부의 관계가 좋지 않다거나 부모의 심리 상태가 좋지 않을 때 아이에게 매를 들지는 않는지 생각해 보고 부모 자신이 수양 쌓기에 노력을 기울여야겠다.

매를 들지 말라고 하면 가끔 어떤 부모는 "우리 아이는 매를 안 들 수가 없어요."라고 말하는 경우가 있다. 그러나 이 말은 "나는 매 이외에는 아이를 다루는 다른 방법은 전혀 몰라요."라는 말과 같다.

매를 들 수 밖에 없는 부모는 매 이외에 아이를 통제할 수 있는 방법을 개발하기 위해 부모 교육을 따로 받아야 할 것이다.

밖에서 맞고 들어올 때의 대처법

일반적으로 매를 많이 맞고 자란 아이는 눈치를 잘 보고 다른 사람의 비위를 맞추려고 하는 특성을 보인다. 심하면 두려움이나 공포증, 불면증, 이유 없이 놀라는 증세나 신체적 통증을 호소하기도 하며 자신에 대해 부정적인 자아 개념을 갖게 되고, 할 수 있다는 기대감을 갖고 노력하기보다 자포자기하기 쉬운 경향을 보이기도 한다.

> 매를 들 수 밖에 없는 부모는 매 이외에 아이를 통제할 수 있는 방법을 개발하기 위해 부모 교육을 따로 받아야 할 것이다.

주로 형에게 매를 많이 맞는 동생은 다른 친구들에 대해서도 혹시 해를 당하지 않을까 하여 지나친 방어 자세를 보이기도 하고 늘 피해의식을 갖고 행동하는 것을 볼 수 있다. 내가 맞지 않으려면 먼저 공격해야 한다는 생각 때문에 다른 아이들과의 놀이에서 지나치게 경쟁심을 갖게 되어 더 상처를 받기도 한다.

밖에서 항상 매를 맞고 울고 들어오는 아이들의 특징은 크게 두 가지로 볼 수 있다. 첫째는 아이가 친구들과 함께 어울려 놀 줄을 모르는 경우이다. 즉 함께 어울리기 위해 양보하지도 규칙을 따르지도 못하고 지나치게 자기 중심적으로 행동하기 때문에 함께 어울리지 못하고 맞게 되는 것이다.

이런 경우에는 양보하는 것부터 가르쳐야 한다. 친구와 놀고 싶으면 네 장난감을 빌려 줄 수 있어야 한다거나, 사이좋게 한 번씩 교대로 장난감을 갖고 논다거나, 가위 바위 보로 순서를 정한다거나 하는 실제적인 방법을 알려 주어야 한다. 그리고 이겼을 때보다 양보했을 때, 자신의 감정을 억제했을 때 더 크게 격려를 해 줌으로써 참을성 있는 아이로 만드는 것이 중요하다.

둘째는 아이가 자기 방어의 능력이 없어 항상 맞기만 하는 경우이다. 이 경우에 언어로도 자기 의사를 표현하지 못한다면 아이가 지나치게 위축되어 있거나 소심한 아이이기 때문이다. 이런 아이에게는 우선 자신감을 키워 주고 위축된 자신을 변화시킬 수 있도록 부모의 따뜻한 배려와 격려가 필요하다.

집 안에서는 전혀 문제가 없는데 밖에서는 행동이 위축되는 것은 친구들과 어울릴 수 있는 기회가 적었기 때문이라고 볼 수 있다. 이런 아이는 자신보다 조금 어린아이들과 어울릴 기회를 많이 주어 함께 노는 일에 자신감을 갖게 할 필요가 있다. 이렇게 위축되고 소심한 아이들은 유치원의 선택도 심리적으로 부담이 덜 가는 놀이 중심의 유치원이 좋으며 잘 격려를 해 주는 교사에게 맡기면 좋고, 자기 나이보다 어린아이들의 반에 넣어 자신감을 가질 수 있도록 지도력을 발휘할 수 있는 기회를 주는 것이 좋다.

지나치게 위축되고 소심한 아이로 보이는 아이도 내면에는 무서운 공격성을 가지고 있을 수 있으므로 겉으로 나타난 아이의 행동만으로 아이의 상태를 단정하는 것은 좋지 않다. 소극적이고 잘 어울리지 못하고 말을 더듬는 아이가 있을 때, 이 아이가 말을 더듬는 것은 지나치게 소극적이고 부끄럼을 많이 타기 때문이라고 잘못 생각할 수도 있으나 이 아이의 공격적 욕구가 말을 더듬는 행동으로 나타나는 것일 수도 있으므로 어른 눈에 비친 행동에만 관심을 주기보다는 아이의 심리 상태 전반에 관해 생각해 보는 자세가 중요하다.

다른 아이들한테 매를 맞는다고 아예 어울리지 못하게 하면 아이는 함께 놀며 자기 주장이나 방어를 할 수 있는 힘을 키워 갈 기회를 잃게 되는 것이므로 바람직하지 않다. 그 대신 그 아이들을 집에 데리고 오게 하여 어른의 눈앞에서 함께 어울리게 하는 것이 좋다.

어떤 아이가 우리 아이를 때렸다고 그 아이를 불러 "너 다음에 또 때리면 그냥 안 둘 거다." 하고 야단을 치면 그 아이는 다음에는 때리면서 '이르면 그냥 안 둔다.'고 위협까지 하거나, 때리지는 않더라도 다른 아이들에게 우리 아이와 놀지 말라고 하여 오히려 우리 아이만 외톨이가 되게 하는 역효과가 날 수도 있다.

오히려 때리는 아이에게 내가 이해하고 있다는 마음이 전해지면 부모가 때리지 말라고 사정하지 않아도 일방적으로 맞는 일은 없어질 것이다. 아이들이 맞고 울고 들어오면 "왜 우니?" "누가 때렸니?" 등 질문을 퍼붓는 경우가 있는데 이런 질문은 피하는 것이 좋다. 어떤 원인을 따져 묻고 "그것 봐, 너도 잘못했잖아." 하고 심판관 같은 태도를 취하는 방법도 별로 바람직하지 않다.

부모는 아이의 감정을 읽어 줌으로써 아이가 이해받고 있다고 느끼게 해 주는 것이 중요하다.

아이가 울고 들어올 때 '우는구나.' 또는 '속상한 일이 있었구나.' 정도로만 표현해 주면 아이가 먼저 왜 우는지, 왜 싸웠는지 등 자세히 이야기하게 되어 앞으로의 해결 방법도 스스로 찾을 수 있다. 그러므로 부모는 아이의 감정을 읽어 줌으로써 아이가 이해받고 있다고 느끼게 해 주는 것이 중요하다. 그러면 아이는 밖에서 받은 상처를 부모에게서 치료받고 부모의 사랑까지 확인하게 되므로 더욱 건강하게 자랄 수 있을 것이다.

용돈 교육, 물건을 사면
돈을 내야 하는 것을 알 때부터 가능하다

"우리 아이는 아직 돈이 뭔지 몰라요."

"우리 아이는 돈을 주면 무조건 저금만 해요."

얼핏 들으면 아주 착한 아이라는 칭찬처럼 들릴지도 모른다. 그러나 이런 아이라면 요즘 사회에 적응하기에는 아직 거리가 있다고 보아야 한다.

우리 사회가 자본주의를 지향하는 한 '돈'은 아주 중요한 도구이다. 그러나 많다는 것이 반드시 좋은 것은 아니고, 경우에 따라서는 적다는 것이 물질을 초월한 듯이 보일 수도 있다. 결국 '돈의 양'이 문제가 아니라 어떻게 정당하게 벌어서 합리적으로 지출하느냐가 중요한 것이다.

그러므로 합리적 지출 및 돈의 관리에 대해서는 어려서부터 바르게 지도하여야 그 아이 개인뿐 아니라 사회의 발전에도 유익하다. 이런 의미에서 볼 때, 자녀들의 용돈 지도는 올바른 방법으로 일찍 시작할수록 합리적 사고와 인내력 등을 기르는 데 크게 도움이 된다.

그러나 지도 방법이 바르지 않으면 오히려 도벽이나 낭비벽 등이 생기는 부작용을 낳을 수도 있어서, 아예 용돈을 주지 않고 그때그때 어른이 직접 사 주는 것보다 못하게 된다.

그러면 우리 아이의 용돈을 언제부터 얼마씩 어떻게 주어야 하며 어떻게 관리하도록 가르쳐야 하는지 살펴보자. 용돈을 주기 시작하는 나이가 정해져 있는 것은 아니다. 용돈을 주기 위해서는 부모가 돈의 개념에 대해 먼저 가르쳐야 하고, 아이가 돈이 무엇인지를 알게 될 때부터 용돈을 주기 시작하는 것이 좋다.

좀더 구체적으로 말하면 물건을 사면 돈을 내야 한다는 것을 알 때부터 가능하다. 아이마다 그 시작 시기는 다를 수 있지만 일반적으로 4살이 되면 할 수 있다고 본다. 즉 화폐가 갖는 의미를 알 때가 이 연령 정도인 것이다.

돈의 개념이 무엇인지 가르치기 위해서는 '돈' '화폐'가 대용 경제 체제의 수단이라는 것을 가르치는 것이 중요하다.

아이와 함께 수퍼마켓이나 가게에 갔을 때 아이가 원하는 과자를 고르게 한 다음 "이백 원이구나." 하며 가격을 일러 주고 그 돈을 아이에게 쥐어 주며 아이가 직접 물건값을 내는 훈련부터 해야 한다.

이 훈련을 통해 아이는 모든 물건에는 값이 있고 그것을 사기 위해서는 반드시 돈이 있어야 한다는 것, 즉 모든 물건은 대가를 지불해야만 살 수 있다는 것을 터득하게 된다. 바로 이때부터 용돈을 받을 수 있다. 이러한 훈련의 시기나 기간도 아이마다 다르고 같은 나이라도 아이의 수준에 따라 다르다. 그러므로 완전히 돈의 개념이 터득되면 용돈을 주기 시작해야 한다.

아이의 나이에 따라 용돈의 액수가 정해지는 것은 아니다. 아이가 용돈을 어디어디에 쓰는지, 또 그 용돈을 얼마나 잘 사용하고 있는지에 따라 용돈의 액수를 결정하고, 용돈의 액수를 점차 늘려야 한다.

부유한 가정이라도 친구들에 비해 너무 많은 용돈을 주는 것은 낭비벽이 생기게 하거나, 돈의 가치를 모르게 하는 결과를 낳게 한다. 또 용돈은 정기적으로 주어야 교육 효과를 볼 수 있다.

처음 부정기적으로 한두 번 돈을 주어 사용할 줄 알면 정기적으로 주어야 한다. 이렇게 주기 시작할 때는 언제 준다는 약속을 하여 아이가 용돈 받는 날을 예상할 수 있게 해 주어야 한다.

용돈은 꼭 약속한 날 주어야 하며 그 간격을 잘 조절하여야 한다. 예를 들어 용돈을 받으면 그날 다 써 버리는 아이에게 일 주일에 한 번 준다면, 6일은 돈 없이 지내야 하므로 간격이 적당치 않다. 즉 그 주기의 반 이상 동안은 용돈이 남아 있을 정도의 간격이 그 아이에게 적당하다고 볼 수 있다.

용돈을 사용하는 데 부모는 너그러워야 한다. 즉 용돈을 써서는 안 되는 최소한의 제한만 두고는 그 나머지 부분에 대해서는 아이 마음대로 사용하도록 허용하여야 한다.

영희의 엄마는 한 주에 오백 원을 주며 불량 식품 안 사먹기, 전자 오락실에서 하루에 다 쓰지 않기 외에는 마음대로 쓰게 한다.

철수의 엄마는 한 주에 천 원을 주며 학용품, 친구 선물 구입 등 부모에게 허락받을 때만 쓸 수 있고 나머지는 저금하도록 약속하였다. 이는 얼른 보면 철수 엄마가 영희 엄마보다 두 배의 용돈을 주어 더 넓게 허용해 주는 부모인 것 같지만, 실제로 영희보다 철수는 용돈을 자유롭게 쓸 수 없기 때문에 영희 부모의 태도가 더 너그러운 것이다.

> 용돈은 꼭 약속한 날 주어야 하며 그 간격을 잘 조절하여야 한다.

적당한 액수의 용돈을 주는 것도 중요하지만 용돈의 사용을 자율에 맡기는 부모의 태도 또한 중요하다.

마음대로 쓰다 보니 모자라게 되고 그래서 돈의 필요성을 느껴 저축의 의미를 깨닫게 될 수 있기 때문에, 지나친 통제보다 허용적인 부모의 태도가 더욱 필요하다.

투명한 저금통, 열어 볼 수 있는 저금통이 좋다

대부분의 아이는 처음 받는 용돈을 즉시 저금통에 넣거나 아니면 그날 모두 써 버리는 등 효율적으로 관리하지 못한다. 그렇다고 중단해 버린다면 아이의 용돈 관리 능력은 길러질 수 없다.

용돈의 사용은 지나친 통제보다 허용적인 부모의 태도가 더욱 필요하다.

이럴 때도 부모가 참을성 있게 기다려야 한다. 또 저축 습관을 길러 주기 위해 저금통을 마련해 줄 때는 투명한 저금통으로 하는 것이 좋다.

흔히 쓰는 돼지저금통은 돼지가 먹어 버린 것, 즉 돼지저금통에게 자기 돈을 빼앗겼다고 아이들이 생각할 수도 있으므로 돈이 보이는 저금통이 좋다. 또 저금통을 열어서 볼 수 있다면 더욱 좋다. 빼앗긴 것이 아니라 자기가 직접 저축한 것이라는 생각도 들게 하고, 얼마나 모였는지도 아이가 직접 꺼내 확인할 수 있는 것이 더욱 효과적이기 때문이다.

그리고 처음 용돈을 받기 시작할 때 잃어버리는 것을 방지하기 위해 아이에게 적당한 지갑을 함께 마련해 주는 것도 잊지 말아야 한다.

받은 돈은 항상 지갑 속에 넣고, 쓸 때는 그 지갑에서 꺼내며 지갑을 잃지 않도록 관리하는 훈련은 후에 자기 물건을 잃지 않고 간수하는 습관을 익히는 데 매우 유익하다.

또 아이에게 저축의 필요성을 느낄 수 있는 기회를 주어 저축의 올바른 의미를 터득하게 하여야 한다. 요즘 어른들의 맹목적인 저축 강요는 자칫 무조건 빼앗긴다는 식의 좋지 않은 경험이 될 수 있다.

매일 하루에 백 원씩 용돈을 받는 아이가 이백 원짜리를 사고 싶어한다면, 오늘은 살 수 없지만 이틀을 모으면 살 수 있다고 설명을 하고 그 목표를 달성하도록 구체적으로 지도하여야 한다.

처음에는 저금통에 저축하는 방법으로 가르치지만 어느 정도 아이가 저축의 의미를 이해할 수 있으면 은행에 저금하는 방법으로 이끌어 가야 한다.

어린아이는 은행에 저금하는 것도 빼앗긴 것 같은 느낌을 갖기도 하므로 처음 저금할 때 계속 입금하게만 할 것이 아니라 돈을 찾는 것도 가르쳐 주어 실제로 그 돈을 찾아 봄으로써 빼앗긴 것이 아니고 맡겼다는 것을 스스로 인정할 수 있는 확신이 서도록 지도해야 한다.

> 아이에게 저축의 필요성을 느낄 수 있는 기회를 주어 저축의 올바른 의미를 터득하게 하여야 한다.

통장은 아이가 가지고 있게 하고 도장은 부모가 갖고 있으면 혹시 통장이 손상되거나 분실되어도 손해를 막을 수 있다. 지나치게 분실을 염려하여 아이에게 통장을 주지 않으면 역시 자기 것이라는 느낌이 들지 않아 계속 저축하고자 하는 의욕이 감소될 수도 있을 것이다.

저축을 계속하다 보면 이자가 붙게 되는데, 이자에 대해 바르게 설명해 주면 아이는 저축이 왜 좋은지를 실제로 터득하게 되어 저축과 금융기관의 특성을 올바르게 가르치는 데도 효과적이다.

스스로 용돈 기입장을 써 나가는 습관을 들여 준다

아이에게 용돈 관리 능력이 어느 정도 생겼다고 여겨지면 용돈 기입장을 쓰도록 지도하여야 한다.

용돈 기입장이 처음에는 기록의 의미만 있지만 차차 그 자료를 토대로 용돈 사용에 대해 검토할 수 있고, 예산을 세울 수도 있어 용돈을 효율적으로 사용하도록 지도하는 데 큰 도움이 된다.

아이가 의미는 이해해도 글씨를 잘 쓸 수 없는 유치원 시기에는 부모가 용돈 기입장을 대신 써 주는 것도 좋은 방법이다.

용돈 기입장의 올바른 지도는 지속적으로 부모가 관심을 보여 주고 격려할 때만 가능하다. 가정 주부들도 가계부를 쓰지 못하는 사람이 있는가 하면 계획적인 예산에 맞추어 규모있게 살림하여 상세히 기록하는 사람도 있다. 누구나 처음 시작은 쉽지만 지속하기는 어렵다. 즉 습관이 된 후에는 힘들지 않지만 습관이 될 때까지가 문제이다. 특히 아이들의 용돈 기입장 사용은 부모가 정기적으로 검사하고 격려해 주어야만 습관이 될 수 있다.

용돈 기입장을 검사할 때 잘못된 지출에 대해 부모가 지나치게 간섭하면 솔직하게 기입하지 않고 허위로 기입하게 되므로 오히려 바람직하지 않다. 용돈 기입장의 검사는 얼마나 솔직히, 열심히, 정확히 기록했는지를 먼저 점검하고 내역에 대한 평가는 뒤로 미루는 것이 바람직하다.

아이의 생일 잔치 바르게 치르는 법

요즘 아이들은 생일을 중요한 날이라고 여기며, 이 날에는 꼭 생일 잔치를 하는 것을 당연한 것으로 알고 있다.

초등학교에 다니는 아이들이라면 자신은 물론 친구들이 방과 후에도 학원에 가거나 개인 지도를 받는 등 일과가 꽉 차 있기 때문에 생일날 생일 잔치를 하기보다는 토요일 오후로 미루어 친구를 초대하는 경우가 더 많다.

그러다 보니 토요일이면 여러 친구가 생일 초대를 하여 어디에 참석할까 고민하는 신풍속도가 펼쳐지며, 토요일 오후의 문방구나 선물의 집에는 아예 이천 원짜리, 오천 원짜리 등 정해진 가격에 해당하는 물건을 포장해 놓아 견본을 본 후 포장된 것을 사 가게 하는 인스턴트식 선물 관행이 유행하고 있다.

이런 생일 잔치를 보는 부모들이라면 누구나 조금은 못마땅하지만 다른 집 애들이 다 그렇게 한다니까 우리 아이도 기죽이기 싫어 생일 잔치는 꼭 해 주어야 한다고 생각한다.

좀 무리해서라도 다른 아이 앞에 우리 아이가 당당하고 자랑스럽게 보여지기를 바라는 부모들의 마음 때문에, 아이들의 생일 잔치가 점점 더 호화스러워지는 과소비 풍조까지 생기게 되는 것 같다.

부모가 자녀에게 생일, 잔치, 선물 등의 의미를 바르게 알려 주는 것이, 아이들에게 올바른 생활 태도와 가치관을 심어 주며 나아가 건전한 의식과 건전한 소비 문화를 갖도록 지도하는 길이다.

무조건 선물을 주기보단 생일의 의미를 일러 주어라

생일의 의미는 문화권에 따라 각기 다르다. 서양에서는 자신의 생일날이 되어야 비로소 한 살을 더 먹게 된다. 어제까지 6살이던 아이가 오늘 생일이 되어서 7살이 되었다는 뜻에서 생일 케이크에 7개의 초를 꽂는다.

생일의 의미는 아이의 연령에 따라 다르게 설명해야겠지만, 건강하게 성장한 것에 대해 축하한다는 것과 나이가 한 살 더 먹었다는 것은 그만큼 책임과 의무가 커졌음을 인식할 수 있게 설명해야 한다.

그러나 우리나라에서는 1월에 태어났건 12월에 태어났건 간에, 1월 1일 설날이 되면 모두 함께 한 살씩 더 먹게 되므로 생일의 진정한 의미가 서양과는 다르다.

그렇다면 서양 사람들이 생각하는 생일의 의미와 우리의 생일의 의미는 다른 각도에서 해석하여야 될 것 같다.

우리나라든 서양이든, 지금까지 심신이 건강하게 자라 생일을 맞게 된 것을 축하하고 계속 건강하게 자라도록 빌어 주는 의미로 생일날에 축하 잔치를 한다.

그리고 우리의 전통에는 아이의 건강을 비는 마음에서 악마가 들지 않도록 수수경단을 빚고, 낳고 길러 주신 것에 대한 감사의 의미로 부모에게 절을 하는 풍속이 있었다.

그러나 최근에는 마치 당연히 부모에게서 받기만 하는 날로 잘못 인식하고 있다.

"엄마, 내 생일날 ○○ 사 주세요.""아빠, 내 생일 선물로 무엇을 사 주실 거예요?""생일 선물은 얼마짜리에서 골라요?" 하는 아이들의 주문들을 들어 보면, 생일날의 참 의미는 모르고 선물 받을 수 있는 날로만 잘못 생각하고 있는 것 같다.

생일의 의미는 아이의 연령에 따라 다르게 설명해야겠지만, 건강하게 성장한 것에 대해 축하한다는 것과 나이가 한 살 더 먹었다는 것은 그만큼 성장한 것이므로 책임과 의무가 커졌음을 인식할 수 있게 설명해야 한다.

예를 들어 5살의 생일을 맞게 된 아이에게 어렸을 때 사진을 보여 주며 "○○야, 네가 두 살 때 사진을 보자. 사진을 찍을 때 이렇게 울었단다. 그리고 그때는 아무거나 입에 넣고 남의 물건도 갖겠다고 떼를 쓰곤 했었지." 하며 "그런데 ○○는 이제 몇 살이지?"라고 물으면 "다섯 살." 하고 대답할 것이다. "그래, 이제 ○○는 떼를 쓰지도 않고 참 착해졌지?" 하고 격려해 주면, 아이 마음에 '아, 이제는 다섯 살이니까 네 살 때보다 더 잘해야지. 떼를 쓰지 말아야지.' 하며 스스로 다짐하는 계기가 되어서 좋다.

또 "엄마 아빠가 사랑하는 아이를 갖고 싶어 너를 낳은 날이 네 생일이야."라고 하며 사랑이 전제된 탄생의 의미를 가르쳐 준다면, 아이는 자신의 출생에 대해 긍정적인 생각을 가지고 긍정적인 자아 개념을 형성하게 되어 자신의 삶을 적극적으로 이끄는 데 도움이 될 것이다.

생일의 의미를 가르칠 때에는, 생일은 누구에게나 똑같이 중요한 의미가 있다는 것도 가르쳐야 한다.

옛날에는 아이보다 어른들의 생일을 중요하게 여기는 풍습이 있었으나, 요즘에는 아이들의 생일은 빠뜨리면 큰일나는 일인 것처럼 지내면서도 어른들의 생일은 가볍게 여기는 경우가 있다.

특히 엄마의 생일은 모르고 지나친다거나 아빠의 생일에는 친구나 친척을 초대하면서 엄마의 생일은 그냥 지나치면, 자녀들에게 은연중에 남녀 차별을 가르치는 꼴이 된다.

엄마와 아빠가 서로 위해 주는 가정에서 자란 아이가 커서도 부모에게 효도하게 되며 배우자나 다른 사람과도 좋은 관계를 맺게 되므로, 그냥 지나치기 쉬운 엄마의 생일도 모든 가족에게 똑같이 중요한 의미가 있는 날로 지내야 할 것이다.

초대된 친구들과 함께 즐거운 시간을 갖게 하라

아이가 어렸을 때는 가족 중심으로 생일 잔치를 하게 되지만, 아이가 친구들과 놀기 시작하면서부터 가족보다는 친구들과 함께하는 생일 잔치로 바뀌기 시작한다.

어떤 부모는 3살경부터 동네 아이들을 모아 놓고 생일 잔치를 해 주기도 한다. 그러나 친구들을 초대하는 생일 잔치는 적어도 유치원 이상을 다니는 나이로, 엄마 없이 혼자서도 친구집을 찾아갈 수 있는 나이가 되어서 해 주는 것이 좋다. 혼자서는 오지도 못하는 아이를 초대하여 엄마와 함께 잘 알지도 못하는 집에 가는 것은 생각해 볼 여지가 있다.

유치원 나이의 아이에게 생일에 친구들을 초대하라고 하면 여러 명을 초대했다고 하는데, 막상 생일 잔치에는 친구가 한 명도 오지 않아 난감해지는 경우도 있다.

생일 잔치를 하려면 최소한 며칠 전에는 초대하고 싶은 사람에게 초대장을 보내도록 가르치자. 언제 어디서 누구의 생일에 초대하는지와 집의 주소와 전화번호를 반드시 써서 전하라고 가르친다.

이때 상품화된 예쁘고 비싼 카드를 사서 보내는 경우도 많은데 가능하면 집에서 만든 카드를 사용하고, 카드 만들기가 힘들면 예쁜 색종이에 꼭 전할 내용만 적어 예쁘게 접어 보내면 절약하면서도 정성이 담긴 뜻을 전하는 방법을 배울 수 있어서 좋다.

생일 카드를 받으면 참석 여부를 반드시 알려야 한다는 것도 가르쳐야 하며, 참석하지 못할 사정이 있을 때에는 초대해 준 것에 대한 감사의 표시와 참석하지 못하는 미안함을 표현하는 방법을 가르쳐야 한다.

참석할 친구의 수가 정해지면 생일 잔치를 위한 구체적인 계획을 세워야 한다.

생일 잔치의 음식을 아이들이 좋아하는 음식으로 준비하다 보니 대부분의 집에서 특징이 없는 음식을 내놓게 되는 경우가 많은데, 한 가지라도 독특한 음식을 준비하는 것도 좋은 아이디어이다.

즉석에서 튀김을 해 준다거나 주된 음식을 정해 놓고, 그 밖에는 음료나 과일 등을 곁들이면 된다. 지나치게 여러 가지를 차려 마치 뷔페를 연상하게 하는 잔치는 피하는 것이 좋다.

어른들은 음식 장만을 생일의 중요한 준비로 생각하지만 요즘 아이들은 음식의 종류보다는 얼마나 즐거운 시간이었느냐를 더 중요하게 여긴다.

그러므로 음식 준비 못지않게, 생일 분위기를 느끼게 해 주는 것도 중요하다. 풍선을 장식한다거나 꽃을 리본으로 묶어 'ㅇㅇ생일 축하'라고 글자 장식을 한다거나 벽을 장식하는 등 돈을 많이 들이지 않고도 즐거운 분위기를 조성해 줄 수 있다. 또한 아이들에게 즐거운 시간이 되도록 게임이나 프로그램을 준비하는 것도 중요한 일이다.

요즘 일부 호화스러운 생활을 하는 사람들 가운데에는 생일 잔치를 집에서 하지 않고 고급 음식점이나 아이들의 기호에 맞는 치킨 센터, 피자점 등에서 하는 경우가 많은데, 이는 뭐든지 정성보다 돈으로 쉽게 해결하려는 물질만능주의적인 어른의 생각을 아이에게 그대로 전수하는 표본이다.

날이 갈수록 인스턴트식 생활 형태로 변하는 요즘, 의미있는 날이라도 돈을 많이 들이기보다 정성어린 마음으로 치르는 것이 중요하다는 것을 가르칠 수 있는 기회가 되어야 할 것이다.

받는 즐거움과 함께 베푸는 마음도 가르쳐라

초등학생들의 생일 잔치에는 비슷하거나 똑같은 선물을 받게 되는 경우가 많다. 대부분 선물을 미리 준비하기보다는 초대받은 날 문방구나 선물의 집에서 즉석 구매하여 가지고 가는 아이들이 많기 때문이다.

이는 '선물=돈으로 사는 물건'이라고 인식하고 있는 세대들의 특징이다. 집에 마땅한 것이 없을 때 돈으로 살 수는 있겠지만, 정성보다는 의무감으로 갖고 가는 선물이어서는 곤란하다.

선물의 내용도 개성이 있어야겠다. 예쁜 초나 포장지, 그 동안 모아 두었던 별난 모양의 나뭇잎 등 정성이 담기고 뜻있는 물건이면 모두 선물로서 적당하며 획일화된 문구류 등은 피하는 것이 좋다. 받는 아이도 특성 없는 선물에서는 그렇게 중요한 의미를 느끼지 못한다.

아이들이 돈으로 선물을 구입해야 하는 경우는 그 액수가 아이 용돈의 범주에서 벗어나지 않도록 한다. 즉 부모의 체면 때문에 비싼 선물을 보내는 일은 없어야겠다.

아이에게는 지우개 한 개라도 자기 용돈의 한도 안에서 준비하게 하는 것이 자신의 분수에 맞는 소비를 가르치는 방법이다. 부모가 자녀에게 주는 생일 선물은 아이가 평소에 갖고 싶었던 것을 사 주는 것이 좋다. 그러나 물건만 생일 선물이고 생일 잔치 준비 등은 당연하게 생각하면 곤란하다.

항상 받을 줄만 알고 베풀 줄 모르는 아이로 키우는 것은 바람직하지 않으므로 베푸는 마음, 감사하는 마음을 함께 가르치는 것도 잊지 말아야 한다.

아이의 생일날마다 아이와 함께 고아원을 방문하는 부모도 있는데, 이는 받는 즐거움과 아울러 베푸는 즐거움도 가르치는 훌륭한 방법이다.

성교육, 쉽고 정확하게 설명해 주어라

눈에 보이지 않는 병균이 번지듯이 최근 들어 폭행이나 성범죄 등의 사례가 늘고 있고, 전체 범행 가운데 청소년 범죄의 비중은 날로 증가하고 있다.

아직 구미 선진국보다는 덜 심각한 상태라고 볼 수 있지만 급격히 증가하는 추세로 볼 때 안심할 수 없으리라 생각된다. 성범죄 이외에 이혼도 점점 늘고 있는데, 결혼식을 올린 세 가정 중 한 가정이 이혼을 한다는 최근의 국내 통계를 볼 때 결혼한 남녀의 성역할 수행에도 그 원인이 있지 않나 생각된다.

그러므로 어렸을 때부터 '성'에 대해 바르게 알고 대처하도록 교육하면 '우리 아이가 피해를 당하면 어쩌나?' 하는 불안이나 청소년 부모의 '혹시 우리 아이가 나쁜 길로 빠지면 어쩌나?' 하는 불안 등은 감소될 수 있을 것이다.

이러한 부모의 마음으로 준비하는 성교육, 우리 아이에게 무엇을 어떻게 가르칠 것이며 우리 아이가 부정적인 성적 경험을 하지 않게 하려면 어떻게 해야 할지 유아기, 아동기로 나누어 살펴보자.

요즘의 아이들에게 맞는 대답은 아이가 이해할 수 있는 범위 안에서 사실대로 알려 주는 것이다.

출생의 신비는 대화를 통해 쉽고 정확하게 설명해야 한다

"엄마, 아빠는 누가 만들었어?"

"난, 왜 고추가 없어요?"

"나도 엄마처럼 여자가 되고 싶어요."

"나는 어떻게 태어났어요?" 등등 유치원 시기의 아이는 성에 대한 호기심을 보이는 질문들을 많이 한다.

아이의 성에 대한 호기심에 부모가 어떤 반응을 보였는가에 따라 아이들은 궁금할 때 부모에게 또 물으려 하기도 하고 반대로 '이런 질문을 하면 혼나는구나.' '이건 비밀인가 보구나.' 등으로 생각하게 된다.

그뿐만 아니라 대답하는 부모의 태도가 긍정적인 때에는 성에 대한 생각도 긍정적일 수 있고 반대로 "크면 다 알게 된다." "아이들이 그런 질문하면 안돼!" 등으로 거부당했을 때는 부정적인 생각을 갖게 되는 것이다.

아이들의 성에 대한 대답은 아이가 궁금해하는 것만큼 가르쳐 주면 된다. 그러나 질문을 하지 않는 아이라면 적당한 시기에 질문을 유도하여 다음과 같은 점을 알려 주면 좋다.

첫째, 남자와 여자, 아이와 어른의 신체적 차이를 가르쳐야 한다.

즉 남자와 여자는 태어날 때부터 신체 구조가 다르게 태어나며, 남자아이가 자라면 아빠가 되고 여자아이가 자라면 엄마가 된다고 가르치면 된다. 또 남녀의 성기가 다르다는 것을 자연스럽게 가르쳐야 하는데 이성 부모와 목욕을 하게 되면 자연스럽게 배울 수 있어 좋다.

둘째, 아이 자신은 어떻게 태어났는지를 설명해 준다.

아빠와 엄마가 사랑하여 결혼하게 되었고, 아빠 엄마가 아이를 갖겠다고 결정하여 너를 낳아 기르는 것이라고 가르치면 아이는 자연스럽게 부모의 사랑에 확신을 가질 수 있게 되고 부모를 믿고 따르게 되며 관계도 좋아질 수 있다.

셋째, 아이는 어떻게 생기나를 쉽게 설명해 준다.

"엄마, 나는 어떻게 태어났어요?" 하고 물으면 예전에는 어른들이 "다리 밑에서 주워 왔지." 하고 대답하여 아이는 자신이 친자식이 아니라고 울고, 아이의 우는 모습이 재미있어 어른들은 장난삼아 자꾸 놀리곤 했다. 그러나 요즘은 "병원에서 사 왔지." 하고 대답하는 어른들도 많은 것 같다.

이러한 대답은 바람직하지 않다. 사람의 목숨을 돈을 주고 사고 판다는 인식을 심어 주어 인명 경시 풍조를 부채질하지 않을까 염려되기 때문이다. 요즘의 아이들에게 맞는 대답은 아이가 이해할 수 있는 범위 안에서 사실대로 알려 주는 것이다. 즉 '성의 생리'에 대해 아이가 궁금해하는 만큼 정확하게 알려 주어야 한다.

많은 성교육 책들이 동물의 예를 들어 암·수를 설명하는 것을 볼 수 있다. 이야기를 자연스럽게 꺼내기 위해 이렇게 유도할 수도 있으나 꼭 그렇게 해야 하는 것은 아니다. 가장 쉬운 방법으로는 친척이나 친지 중 결혼한 사람과 임신한 부부를 예로 들어 설명하면 효과적이다.

"이모와 이모부가 따로 살았었지?"

"예."

"삼촌과 숙모도 따로 살았었지?"

"예."

"그런데 언제부터 같이 살았지?"

"결혼식하고요."

"그래, 삼촌과 숙모, 이모와 이모부가 서로 사랑을 하게 되었거든. 그래서 결혼식장에서 결혼을 했어. 너도 갔었지?"

"응, 나도 보았어. 이모, 숙모가 예뻤어요."

"그래, 그렇게 결혼식을 하고 부부가 같이 살게 되었어. 그런데 삼촌과 숙모가 아이를 낳기로 결정하게 되었어. 그래서 숙모 뱃속에 아기가 자라게 된 거야. 그래서 배가 점점 커지고 있지?"

"네, 그럼 밥을 얼마나 먹어야 해요?"

"아니, 밥을 많이 먹어서 배가 부른 게 아니고 삼촌과 같은 남자 어른의 몸 속에 알(정자)이 있고 숙모와 같은 여자 몸 속에도 알이 있거든. 그 알이 한 개씩 만나 여자 몸 속에 있는 아기집에서 자라고 있는 거야. 그래서 숙모 배가 점점 커지고 있는 거란다."

"그럼 엄마 나는 어디서 자랐어요?"

"엄마 뱃속에서 자랐지. 배가 이만큼 부르고 네가 밖으로 나오겠다고 발로 뻥뻥 차서 엄마가 병원에 가서 너를 낳게 되었지."

"엄마, 아팠어요?"

"그럼, 많이 아팠지만 네가 태어나 엄마 아빠는 무척 기뻤어."

이런 식으로 대화를 하는 동안 아이는 자연스럽게 생명의 신비와 존엄성에 대해 알게 된다.

그러므로 출생에 대한 질문에는 쉽고, 정확하게 구체적으로 설명하는 것이 바람직하다.

넷째, 스스로 자신의 몸을 관리하도록 가르친다.

대부분 유아기의 성폭행은 부모가 '설마' 하는 마음으로 방치하였던 환경의 잘못이 크다. 또 아이는 이럴 때 어떻게 해야 하는지를 몰라 예방할 수 있던 상황에서도 그냥 당하게 되는 경우가 있다. 그러므로 유아기에 어떤 행위는 왜 안 되는지를 아이 수준에 맞게 알려 주어야 한다.

여자아이들에게는 특히 '자궁'이라는 곳을 다치면 어른이 되어 임신을 못할 수도 있으므로 소중히 하여야 하며, 아무리 가까운 사람끼리라도 해서는 안 되는 행위가 있다는 것을 정확히 일러 주어야 한다.

즉 속옷을 입었을 때 보이지 않는 부분은 엄마가 목욕시킬 때 외에는 다른 사람의 손이 닿으면 안 되는 곳이고, 혀가 닿는 입맞춤은 안 된다고 가르쳐 주어야 한다. 즉 혀가 닿는 입맞춤이나 성기, 가슴, 엉덩이 등에 다른 사람의 손이나 몸이 닿으면 소리를 지르거나 부모에게 달려오거나 하여 몸을 보호해야 한다고 알려 주어야 한다.

아동기에는 유아기에 성교육을 받았느냐 안 받았느냐에 따라 성교육 내용의 깊이에 차이가 있다. 부모의 역할은 대부분 초등학교 과정에서 다루고 있으나 성지식에 관한 교육 내용은 학교에 따라 차이가 있다.

어쨌든 유아기에 앞에서 설명한 내용들을 습득했다면 다음과 같은 점을 덧붙여 가르치면 좋다.

첫째, 부모의 역할과 책임을 가르친다.

옛날처럼 남자와 여자가 하는 일을 구체적으로 나누어 가르칠 필요는 없지만 사랑하는 한 남자와 한 여자가 만나 결혼을 하게 되며, 자녀를 낳으면 부모의 역할을 하는 것이라는 사실을 가르쳐야 한다. 즉 책임감 있는 부모의 역할에 대해 어렸을 때부터 가르치는 것이 필요하다.

둘째, 임신과 출산에 대해 구체적으로 가르친다.

유아기에는 임신과 출산의 원리만 간단하게 설명하지만 아동기에는 더욱 구체적인 설명이 필요하다.

"엄마, 어떻게 아기가 뱃속에서 나와?" 하고 묻는다면 아기를 낳을 때가 되면 밖으로 나가겠다는 표시로 '진통'이 오며, 소변 보는 곳 부근에 있는 아기 나오는 길로 나오는 것이라고 말해 준다. 이때 엄마는 통증을 느끼는데 이를 '산고'라 하며, 아기가 나오는 길은 아기를 낳을 때만 열리고 그 외에는 닫혀 있다고 말해 출산의 신비를 자세히 설명해 주면 생명의 존엄성에 대해서도 좋은 교육이 된다.

여자아이들에게는 특히 '자궁'이라는 곳을 다치면 어른이 되어 임신을 못할 수도 있으므로 소중히 하여야 하며, 아무리 가까운 사람끼리라도 해서는 안 되는 행위가 있다는 것을 정확히 일러 주어야 한다.

셋째, 사춘기를 맞을 준비를 시켜야 한다. 개인에 따라 약간의 차이는 있지만 일반적으로 초등학교 고학년이 되면 사춘기의 시작이라고 보아야 한다.

사춘기의 징후는 정신적인 변화가 먼저 나타나는 아이도 있고 육체적인 변화가 먼저 나타나는 아이도 있다. 여자아이의 경우는 가슴에 망울이 생기는 것을 시작으로 초경, 음모 등 변화가 오기 시작하여 부모가 준비시킬 기간이 비교적 있지만 남자아이들은 '욱' 하는 성격을 드러내거나 충동적이고 반항적인 행동 등 심리 변화의 표현이 먼저 눈에 띄어 부모가 준비없이 당하게 되는 경우도 있다.

그러므로 대략 초등학교 4학년이 되면 사춘기를 맞을 준비를 부모가 먼저 시켜야 한다.

성이나 신체의 변화나 생리에 대해 부모가 설명할 자신이 없거나 쑥스러울 때는 초등학생 성교육용 책을 준비하여 아이에게 주면서 한번 읽어 보고 궁금한 것은 부모에게 물으라고 제안하면 자연스럽게 대화가 시작될 수 있다.

이때 물론 동성의 부모가 가르치는 것이 자연스럽고 바람직하다. 그러나 그럴 수 없는 상황이라면 이성 부모라도 미루지 말고 가르쳐야 한다. 흔히 '성'에 관한 이야기를 나눌 때 부모가 먼저 당황하기 쉬운데 자연의 섭리라고 생각하는 긍정적인 자세가 더욱 필요하다.

한 아이 키우기 _ 집착은 금물

우리는 '외동아이'라고 하면 왠지 과보호 속에서 자란 버릇없는 아이라는 선입관을 갖게 된다. 또한 "아이를 위해서 동생을 낳아야 되겠다."거나 "아이를 위해서 동생을 낳지 않겠다."는 등 부모들의 이야기도 듣게 된다.

그러나 엄밀히 생각해 보면 형제가 없는 경우의 장·단점보다는 부모와 자녀 사이의 독특한 인간 관계에 더 영향을 받게 됨을 알 수 있다. 그러므로 한 자녀 특성에 맞게 올바르게 양육을 한다면 한 자녀의 장점을 최대로 살려 바르게 키울 수 있을 것이다.

한 자녀를 키우는 부모들에게 왜 한 명만 낳기로 했는지 질문하면 잘 키우기 위해서라고 하는 부모들이 많다. 즉 관심과 사랑뿐만 아니라 물질적으로도 충분히 뒷받침하고자 하는 생각으로 한 자녀를 고집하는 부모들이 많은 것이다.

그러므로 이런 부모의 심리적 특성을 갖고 태어난 한 자녀는 물질적으로나 정신적으로 풍부한 환경에서 자라게 된다. 부모의 수준이 사회 경제적으로 비슷한 환경이라도 여러 형제가 있는 가정보다는 자녀에게 더 많이 관심을 쏟고, 애정 표현이나 칭찬도 더 자주 하며 여러 가지 학습 기회도 더 많이 줄 수 있다.

언어 발달도 형제가 있는 아이들보다 외동아이들이 더 빠르다는 연구가 있다. 이것은 부모와 어린 자녀와의 접촉이 많아 언어 자극을 풍부하게 받기 때문이다. 그리고 형제끼리 비교되거나 경쟁으로 인한 심리적 상처를 받지 않는 것이 장점이 될 수도 있다.

대부분 첫 아이에게 쏟는 부모의 관심이 크므로, 외동아이는 어려서부터 더욱 정성을 들여 키우게 된다. 그리고 출생 이전부터 아기에 대해 관심이 커서 우유보다는 모유를 먹이게 되고 일찍부터 대소변 훈련도 시키며 지적 호기심에도 깊은 관심을 갖고 있어 유아기의 지적 발달을 돕는 환경을 조성하게 된다.

많은 엄마들이 "큰아이는 이 나이에 자기 이름을 썼는데 작은 아이는 큰아이의 반도 못 따라간다."는 등의 이야기를 하는데, 반대로 생각해 보면 그만큼 둘째보다는 첫째에게 지적 성숙을 강요하고 자극했다는 이야기임을 알 수 있다. 그러므로 한 자녀인 아이들은 지적 발달면에서도 부모의 관심을 더 많이 받고 자라는 것을 알 수 있다.

부모의 관심, 애정, 경제적 원조를 듬뿍 받아 유리

한 자녀이기 때문에 누릴 수 있는 장점도 있지만 그렇지 못한 점도 많이 있다. 종전의 학자들은 외동아이를 별로 바람직하지 못한 조건으로 여겨 왔다. 허록Hurlock이라는 학자는 '외동아이는 생활하는 데 적응력이 떨어지고 보편적으로 과잉보호 속에서 성장하여 이기적이며 자신이 주위의 중심 인물이 되지 못하면 깊은 상처를 받는다.'고 하였다.

한 자녀를 둔 부모의 첫 번째 고민은 자녀를 잃을지 모른다는 불안감이다. '만약 교통사고라도 당하게 되면 어쩌나.' 또는 '유괴라도 당하지 않을까.' '병에 걸려 허약해지면 어쩌나.' 등 자녀의 신변에 관해 몹시 불안해하는 것을 볼 수 있다.

이런 불안 때문에 머릿속으로는 과보호하지 말아야지 하면서도 아이에게 집착하게 된다. 또 이렇게 집착하면서도 '나는 우리 아이는 다른 외동아이처럼 버릇없이 키우지는 말아야지.' 하는 신념을 갖게 되어 아이에게 지나치게 자율을 강조하거나 실수를 용납하지 않고, 다그치게 되거나 용서해 줄 수 있는 문제에도 필요 이상으로 아이를 몰아붙이는 모순을 보이기도 한다.

그러므로 아이는 자신에게 지나치게 매달리는 부모를 부담스러워하면서도 그런 관심이 없으면 불안해하는 반응을 보이기도 한다.

한 자녀는 가정에서는 항상 어른들 속에서 생활하게 되어 자신을 어른과 비교하므로, 아이는 늘 어른에 비해 열등하다고 생각하여 자아 개념은 낮아지지만 반대로 심리적 열등감을 감추기 위해 오히려 과시 행동을 더 많이 하기도 한다.

즉 아이 자신이 항상 다른 아이보다 예쁜 옷을 입어야 하고, 선생님이 항상 자신을 더 예뻐해야 하며, 다른 아이 앞에서 자신의 힘을 과시하고 싶어 하는 행동을 보이는데, 이것은 실제적으로는 열등감을 위장하려는 과시 행동인 경우가 많다.

아이들은 형제 사이에서 눈치를 보며 배우는 점도 많고, 형제끼리 비교되면서 자신을 돋보이고자 하는 욕구 때문에 경쟁심도 느끼고 노력도 하게 되는 경우가 많다. 그러나 한 자녀는 가정 안에서 자연스럽게 생길 수 있는 경쟁심이나 눈치가 부족하여 또래들과 놀 때 양보하지 못하고, 바른 주장을 하는 방법이 서툴며, 상대방의 비위를 맞추는 행동 등이 미숙하여 적응력이 떨어지고 독불장군으로 행동하게 된다.

또 한 자녀의 부모는 양육의 경험이 없으므로 자녀에게 지나친 기대를 갖거나 일관성 없는 양육 태도를 보이게 된다. 그러므로 아이는 감정적이며 분노를 쉽게 나타내는 행동을 많이 하며 정서적 적응력이 약해진다.

이상에서 살펴본 것은 한 자녀에게서 나타나는 일반적인 특성이다. 이런 특성 중 단점을 보완하고 장점을 살릴 수 있도록 부모의 양육 태도를 보완하거나 수정한다면 한 자녀가 형제 속에서 자라는 아이들보다 좋은 점을 살릴 수 있으리라 생각된다.

첫째, 자녀에게 지나친 기대감은 버려야 한다. 자녀에게 너무 기대를 많이 하면 아이는 상대적으로 항상 못하는 아이로 평가되므로 열등감에 사로잡히게 된다. 그러므로 자녀를 '내 아이'라고 생각하기보다는 '나를 통해 태어난 아이로 내가 길러 주는 한 인격체'로 자녀를 생각하는 가치 기준이 바뀌어야 할 것이다.

아이가 나를 대신해 줄 것이라는 생각을 버려야 한다. 즉 이 아이가 잘해야 내가 아이를 잘 키운 것으로 평가받을 수 있고, 그렇게 되어야 부모 자신이 유능한 사람으로 평가받을 것이라는 잘못된 신념을 버려야만 아이를 하나의 인격체로 객관적으로 볼 수 있게 된다.

둘째, 아이들끼리 함께 놀 수 있는 시간을 많이 만들어 주어야 한다.

한 자녀 아이들의 사회 적응력이 떨어지는 것은 아이들끼리 노는 경험이 부족하기 때문이다. 그러므로 어렸을 때부터 어른하고만 같이 지내는 시간을 줄이고 아이들의 세계에서 문제에 부딪히고 해결해 가는 법을 터득하게 함으로써 생활 속에서 보고 배울 수 있게 하여야 한다.

이때 또래와 노는 것도 좋지만 특히 친척이나 이웃에 형제나 자매가 있는 집에서 놀게 하여, 동기들과 문제를 해결하는 방법을 보고 간접적으로 배울 수 있는 기회를 주는 것이 필요하다.

요즘 한 자녀 가정이 많아지면서 여성 단체에서 '한 자녀 모임' 등을 갖기도 하는데, 이것도 좋은 방법이다.

집에서는 아이가 혼자이지만 함께 모였을 때는 동생도 되어 보고 형도 될 수 있는 기회가 생겨 형제자매의 경험을 할 수 있게 되어 유익하고, 또한 자신처럼 형제자매가 없기 때문에 느끼는 정서를 함께 나눌 수 있어 좋다. 부모 자신들도 고충을 나눌 수 있고 서로 격려해 줄 수 있어 도움이 된다.

셋째, 부모의 태도가 일관성이 있어야 한다.

형제자매의 유무와 상관없이 부모의 일관성 있는 양육 태도는 중요하지만 특히 한 자녀인 경우는 부모의 영향력이 크기 때문에 아이의 정서에 미치는 영향이 더욱 크다.

상담소를 찾은 영준이는 5살 남자아이였다. 유치원에 가기 시작하면서 바지에 변을 묻히는 등 산만한 행동을 해 왔다고 했는데, 상담 과정에서 다음과 같은 사실이 밝혀졌다.

영준이의 집은 남보기에는 별문제 없는 중류 이상의 안정된 가정이었고,

부부가 '하나만 낳아 잘 키우자'는 신념으로 영준이가 첫돌이 지나자 엄마는 불임 수술을 받았다.

영준이의 엄마는 딸이 많은 집에서 태어났고 남동생이 한 명 있었는데 이 동생이 중학생일 때 사고로 세상을 떠나게 되어 엄마가 괴로워하는 것을 보고 자랐었다.

영준이 엄마는 이런 심리적 영향 때문에 영준이를 과보호하기도 하고, 예절 바른 아이로 잘 키우겠다는 생각에서 매우 엄한 체벌을 가하기도 하였다.

이처럼 심리적으로 불안한 엄마가 일관성 없는 양육 태도를 보이게 되자 아이도 불안하고 산만해지는 행동을 보이는 결과를 초래하게 된 것이다.

그러므로 부모의 일관성 있는 양육 태도가 무엇보다 중요하며, 일관성 있는 양육 태도를 유지하기 위해서는 우선 부모 자신이 심리적으로 안정을 찾아 부모의 감정 때문에 칭찬을 하거나 벌을 주게 되는 일은 없어야겠다. "오늘은 엄마가 기분이 좋아서 특별히 한 번만 봐 준 거야." 하는 등의 표현은 절대로 금해야 한다.

다만 아이의 행동의 결과에 따라 즉 잘한 행동이었는지, 하면 안 되는 행동이었는지에 따라 칭찬을 하거나 벌을 주어야지, 부모의 기분으로 아이의 체벌을 좌우해서는 안 된다.

부모의 감정이 양육 태도에 영향을 미치지 않기 위해서는 평소에 부모 자신의 수양이 필요하겠지만 인격적인 성숙은 마음먹었다고 하루 아침에 되는 것이 아니므로, 최소한 아이가 어떠한 행동을 할 때는 어떻게 하겠다는 규칙을 정해 놓고 행동해야 하며, 부모 자신이 아이가 한 행동으로 화가 났을 때는 일단 자신의 분노를 가라앉힌 뒤 나무라는 태도가 필요하다.

부모가 화가 났을 때는 거울을 한 번 보고 그 다음 이야기를 시작한다거나 화장실을 다녀온 후 이야기를 시작하는 등 부모 자신의 행동 규칙을 만들어 행하는 방법도 도움이 된다.

넷째, 양보심을 기르고 인내심을 키울 수 있는 기회를 제공해야 한다. 한 자녀 아이들은 대부분 자신들의 요구가 잘못된 요구가 아닌 한은 자기 마음대로 할 수 있는 환경에서 자라게 된다. 즉 과일이나 간식 등 먹는 것도 자기가 원하는 대로 선택하게 되고 부모에게서 양보도 많이 받고 자라게 되므로 자신의 욕구가 관철되지 않을 때 심하게 좌절하고 심리적으로 위축되기 쉽다. 또 다른 사람의 탓으로 돌리는 경향이 있어 적응이 힘들게 되므로 특히 양보하는 행동을 할 기회를 만들어 주어야 한다.

옆집 동생과 놀 때 자신의 장난감을 빌려 주는 행동을 하면 부모는 얼른 칭찬해 주고 관심을 보여 줌으로써 이런 행동을 부추겨 주어야 한다.

또 부모에게 어떤 요구를 할 때도 항상 즉석에서 해결해 주려고 하지 말고 기다리게 함으로써 아이에게 더 득이 되는 기회를 제공하여 참고 기다릴 수 있는 힘을 길러 주어야 한다.

일관성 있는 양육 태도를 유지하기 위해서는 우선 부모 자신이 심리적으로 안정을 찾아 부모의 감정 때문에 칭찬을 하거나 벌을 주게 되는 일은 없어야겠다.

한 자녀에게는 유리하고 유익한 환경 조건도 많으므로 부모가 신경을 써서 양육한다면 점차 늘어나는 한 자녀들이 과거의 '외동이' 라는 단점을 털어 버리고 밝게 자랄 수 있으리라고 본다.

연년생 아이 키우기_형, 아우를 강조하지 마라

과거에는 형제의 출생 순위에 따른 아이들의 성격 특성에 관한 연구가 많이 있었다. 그러나 최근에는 하나 아니면 둘인 가정이 대부분이고 셋 이상인 가정이 많지 않아 그런 연구는 의미가 없어졌다.

그러나 두 자녀인 경우, 형제의 나이 차이가 몇 살인가에 따라 아이들에게 미치는 영향이 다름을 볼 수 있다. 나이 차이가 적을수록 경쟁심이 강하고 다투기도 많이 한다. 나이 차가 많으면 큰아이가 작은아이를 돌보는 역할까지 맡게 되므로 경쟁자의 관계와는 다른 특성을 보이기도 한다.

연년생의 아기를 키우는 부모가 아이들에게 거는 기대는 실제 아이의 능력과 다르게 나타난다.

어쨌든 터울이 가까운 아이들을 데리고 지나가는 사람을 보면 부모가 힘들겠구나 하는 짐작은 아이 키워 본 사람이면 누구든 하게 된다.

어떤 부인이 세 살짜리와 두 살짜리 아이를 데리고 택시를 탔는데 큰아이가 차 안에서 자려고 눈을 감으니 "애, 형이 자면 어떻게 하니, 엄마는 동생을 안고 내려야지, 넌 형이니까 자지 마!" 하며 깨우더란다. 그 광경을 보던 운전기사가 "내가 보기에는 큰애도 애기인데 그냥 두세요. 제가 안아서 내려 드릴게요." 했다고 한다.

이 장면을 보면 연년생 아기를 키우는 엄마의 시각과 제삼자의 입장에서 객관적으로 보게 되는 운전기사의 시각이 다르다는 것을 알 수 있다. 이렇게 연년생의 아기를 키우는 부모가 아이들에게 거는 기대는 실제 아이의 능력과 다르게 나타난다.

그러므로 연년생의 장점과 단점을 살펴보고 올바르게 키우는 방법에 대해 생각해 보자.

연년생 아이의 장단점

형제의 나이가 비슷하면 놀이 수준이 비슷하고 함께 어울리는 데 좋은 장점이 있다. 흔한 말로 아이들의 세대 차이가 적어 친구가 될 수 있어 좋다. 즉 한 자녀나 터울이 많은 아이는, 부모가 놀아 주지 않으면 혼자 놀지 못하므로 부모가 아이들에게 더 많은 시간을 할애해야 하는데, 어느 정도 자란 연년생은 둘이서 잘 통하고 놀이 수준도 비슷해 좋은 친구 관계가 형성된다. 뿐만 아니라 또래와 어울림 등의 발달에도 좋은 영향을 미친다.

부모가 아이들 양육에서 벗어나는 시기는 큰아이가 아니라 작은아이의 나이와 관계가 깊다. 이런 면에서 볼 때 두 아이를 키울 때 큰아이와 나이 차이가 적으면 그만큼 빨리 벗어날 수 있어 좋고, 책이나 장난감, 옷가지 등의 구입에서도 경제적인 이점이 있다.

연년생을 키운다는 것은 키울 때는 장점보다는 단점이 많고 부모가 키우기도 어려울 뿐 아니라 심리적으로 힘든 점도 많다는 것을 염두에 두어야 한다.

연년생 아이들의 심리적 특성을 보면 그 부모가 어떤 기대를 갖고, 어떻게 양육했느냐에 따라 각기 다른 특성을 나타낸다. 즉 부모가 지나치게 큰 아이에게만 관심을 두는 경우와 둘째아이만 지나치게 과잉보호하는 경우 등 각각 특징이 다르게 나타나는 것을 보면 연년생 중에 큰아이로 태어났느냐, 동생으로 태어났느냐보다는 부모의 태도가 더 중요하다는 것을 알 수 있다.

대부분의 부모들이 '형이 동생보다 못하면 안 된다.'는 전통적인 사고 방식 때문에 큰아이에게 갖는 기대감이 지나치게 높아 큰아이를 다그치게 된다. 대소변 가리기, 언어 익히기, 글자 터득 등 모든 면에서 큰아이들이 심리적으로 더 불안해하고 실수하면 어쩌나 하는 자신감이 부족한 특성 등을 보이게 된다.

대부분의 부모들은 큰아이가 잘못하거나 부모를 힘들게 하면 "너까지 엄마를 힘들게 하니?" "형이 그러면 되니?" "형이 양보해야지." 등 형이라는 짐스러운 표현을 많이 사용하는 것을 볼 수 있다.

작은아이에게는 큰아이에게보다 양육 방식이 관대하다. 앞의 경우처럼 두 살짜리 동생은 세 살이 되어도 동생이므로 엄마가 안고 가는데 세 살짜리는 네 살이 되어도 '형이니까'라는 표현을 계속 들어야 한다.

어떤 연년생 아이가 어느 날 엄마에게 "엄마, 동생은 몇 살 되면 형이 돼요?" 하고 물어서 동생은 계속 동생이라고 설명했더니 "난 이제 밥도 안 먹고 크지 않을 거야. 그래서 난 꼭 동생 할래." 하고 큰 소리로 울었다고 한다.

연년생 중의 큰아이가 동생보다 발달이 늦을 경우에는 형제를 비교하게 되어 큰아이는 기가 죽거나 지나치게 공격적이고 분노가 심한 성격 특성을 보이기도 한다.

동생의 경우는 보통 형에게 어려서부터 매맞는 경우가 많아 다른 사람이 혹시 자신을 해치지 않을까 하는 피해의식이 많고, 자신이 당하지 않기 위해 지나치게 방어적이거나, 먼저 공격적인 행동을 하게 되는 경향이 있다. 또 큰아이보다 더 경쟁적인 특성을 보이기도 한다.

연년생의 경우 터울이 많은 형제나 자매보다 싸우기도 자주 하고, 어울리기도 많이 하는 특성을 갖게 된다.

연년생 아이 바르게 키우는 법

부모가 지나치게 형, 아우를 강조하지 말아야 한다 아이들의 발달 특성에 따라 6개월에서 1년은 빠를 수도 있고 느릴 수도 있다. 그러므로 두 아이의 발달의 차이가 꼭 1년이 아니라는 것을 염두에 두고 둘을 비교하지 말아야 한다. "형은 네 나이에 이름을 썼는데." "동생은 흘리지 않고 먹는데 너는 왜 동생보다 더 흘리니?" 등 부모의 비교하는 행위가 아이들의 시기심과 지나친 경쟁심을 부추기게 된다.

그러므로 되도록 비교하거나 경쟁하게 하지 말아야 한다. 흔히 밥상에서도 "누가 먼저 먹나 보자." 하는 표현을 하는데, 이는 누군가 반드시 낙오자를 만들어 좌절감을 잘못된 양육 방법이다. 특히 큰아이의 발달이 늦을 경우에는 쌍둥이처럼 키워야 한다.

큰아이와 작은아이를 따로따로 떼어 기르지 말자 부모들은 되도록이면 아이의 터울을 자신들의 생활 계획에 따라 조절하여야 한다. 즉 대가족 제도에서 생활하여 할머니가 아이들을 돌보아 준다거나 다른 탁아모의 손을 빌릴 수 있는 경우를 제외하고는 무모하게 연년생을 낳아 부모가 둘을 감당하기 힘든 상황을 만들지 말아야 한다.

가끔 연년생으로 아이를 낳았을 때 양육을 도와 줄 사람이 없는 경우에 큰아이를 친가나 외가에 보내 어느 정도 키우다 데려오는 경우가 있다. 즉 산모도 건강을 회복하고 어린아이도 어느 정도 자라게 되어 큰아이를 데려오는 경우인데 이런 방법은 바람직하지 못하다.

큰아이 처지에서 보면 엄마가 자신을 거부하고 동생만 예뻐한다고 생각하게 되고 자신의 자리를 동생에게 빼앗긴 것 같아 동생에 대해 적개심이나 분노가 생기게 된다. 그리하여 지나치게 동생을 미워하게 되고 말썽을 부리게 되는 것을 볼 수 있다. 또 할머니와 엄마의 각각 다른 양육 방식으로 자라게 되어 혼란을 가져올 수 있다.

협동심을 기르도록 신경 써라 형제를 키우다 보면 은연중에 부모는 자녀를 비교하게 되는데 연년생의 경우는 더욱 편애하기가 쉽다.

한 아이를 칭찬하면 다른 아이는 자연히 소외되고, 한 아이를 나무라게 되면 자연히 다른 아이는 돋보이게 된다. 그러므로 누가 더 잘하나 경쟁시키기보다는 함께 칭찬할 수 있는 기회를 만드는 지혜가 필요하다.

두 아이가 함께 놀이를 하며 다정하게 놀 때 "사이좋게 노는구나." 하며 둘을 함께 칭찬함으로써 둘을 경쟁 대상에서 협동할 수 있는 사이로 만드는 것이 중요하다.

부모의 사랑을 더 많이 차지하기 위하여 경쟁하는 사이가 되지 않도록 부모가 신중하게 행동해야 한다.

아이들의 싸움에 끼어들지 마라 아이들이 놀이를 하다 보면 자기 주장을 하게 되고 서로 자기 주장을 고집하다 보면 다투게 된다. 싸우는 것도 성장 과정에서 나타나는 자연스러운 현상이다. 즉 싸울 수 있다는 것은 자신의 주장을 표현할 수 있다는 지표가 될 수 있다. 형제가 전혀 싸우지 않는 경우는 드물다. 특히 연년생들은 더 자주 싸우게 된다.

부모들은 대부분 아이들이 싸우면 처음에는 모른 척한다. 그러나 한 아이가 울고, 주로 작은아이가 울며 부모에게 이르게 되면 둘을 다 부르게 된다. 부모는 왜 싸웠는지를 묻고 난 뒤 너는 무엇을 잘못했고 너는 무엇을 잘못했다고 심판처럼 잘잘못을 가려 준다. 아울러 동생을 때렸다고 형은 부모에게 매를 맞거나 동생은 형에게 대들었다고 또는 울었다고 야단맞게 된다.

두 아이가 함께 놀이를 하며 다정하게 놀 때 "사이좋게 노는구나." 하며 둘을 함께 칭찬함으로써 둘을 경쟁 대상에서 협동할 수 있는 사이로 만드는 것이 중요하다.

이렇게 부모가 보지 못한 상황의 잘잘못을 가려 야단치는 부모의 태도는 바람직하지 못하다. 이는 아이들의 문제를 항상 부모의 관점에서 심판을 하게 되므로 자율적인 의사 결정을 해칠 수 있고, 또 부모가 형을 때리게 되므로 동생이 형을 때리고 싶은 욕구를 대리 만족하게 되어 작은아이가 자주 울며 고자질하게 만들기 때문이다.

부모가 형제의 싸움에 개입하지 않는 것을 원칙으로 하되 꼭 개입하여야 할 때는 원칙을 정해 두어야 한다. 즉 누가 잘못했느냐가 아니라 그 과정에서 지키기로 한 행동 약속만 지키도록 하면 된다. 예를 들어 싸울 수는 있지만 때리거나 꼬집거나 하는 폭력은 안 된다고 정하고 이런 행위를 먼저 한 사람이 벌을 받는다거나, 다른 사람이 갖고 노는 장난감을 먼저 빼앗거나 고의로 방해한 경우 등 옳지 못한 행동에 대해서만 규칙을 정해 놓고 가르친다. 그러면 아이들은 부모가 개입하지 않아도 자신의 행동에 대해 스스로 책임지는 훈련을 하게 되는 것이다.

자기 것과 공동의 것을 구분해 준다 연년생 형제는 발달 수준이 비슷하여 장난감이나 생활용품을 함께 사용하는 것이 많다. 어떤 의미에서 장난감이 모두 내 것인 동시에 엄밀히 나만의 것은 하나도 없는 것이 현실이다. 그래서 서로 먼저 차지하려 하고, 망가지면 서로 상대의 잘못이라고 생각하기가 쉽다.

새로운 장난감이 하나 생기면 서로 많이 가지고 놀려고 하고 심리적으로는 상대만 더 많이 갖고 노는 것처럼 느껴진다. 그러므로 연년생 형제에게는 자기 것의 구별을 정확히 해 주어 자기 것을 관리하는 책임을 지우고 아울러 소유감을 느끼게 해야 한다. 즉 아이마다 상자나 바구니 등을 정해 주어 자기 것을 담을 수 있게 해 주면 좋다.

그러나 모든 것을 항상 두 벌을 구입할 수도 없고 꼭 그렇게 해야 하는 것은 아니다. 새로 산 장난감이나 크기가 큰 것은 하루씩 교대로 소유하게 한다거나, 오전 오후로 나누는 등 그 시간의 간격은 아이의 연령과 비교하여 정하면 된다.

내게 권한이 있을 때는 내가 허락하여야만 동생이든 형이든 사용할 수 있고, 반대로 소유권이 상대방에게 있을 때는 승낙을 받은 후에 사용하는 규칙을 지키도록 훈련하면 잦은 싸움도 예방할 수 있을 뿐 아니라 상대방의 권리를 존중해 주는 태도를 배울 수 있어 좋다.

'연년생이 좋으냐 나쁘냐'는 단적으로 말할 수 있는 문제가 아니다. 연년생을 부모가 어떻게 키우느냐에 따라 그들의 장점이 최대한 발휘되어 훌륭하게 자랄 수도 있고, 부모가 올바르게 대처하지 못해서 부모는 부모대로 아이들은 아이들대로 상처만 많이 받고 힘들어질 수도 있다. 그러므로 지혜롭게 대처하는 부모의 양육 방법이 더 중요한 것이다.

쌍둥이 키우기_둘을 개성이 다른 인격체로 대하라

쌍둥이는 어떻게 다를까

우리는 흔히 '부모 노릇하기가 너무 힘들다.'는 말을 한다. 사회의 구조나 형태가 얼마나 빠르게 변하는지 세대 구별의 간격은 자꾸 좁아져 간다.

이렇게 세대 차이를 느끼며 살아가는 요즘의 부모들은 과거에 비해 아이 키우기가 여간 어렵지 않다고 털어 놓는다. 하물며 한 아이도 아닌 쌍둥이의 부모 노릇을 하는 것은 더 말할 나위가 없다. 쌍둥이 부모가 되고 싶어서 된 것이 아니기에, 쌍둥이 부모가 겪는 갈등이나 스트레스는 더 심한 것인지도 모른다.

그러나 일단 쌍둥이의 부모가 된 이상 이들을 잘 키우는 것이 부모의 소임인 만큼, 이것을 현실로 받아들이고 효과적으로 대처하는 방법을 모색해야 한다.

쌍둥이가 지닌 장점을 최대한으로 활용하고 쌍둥이로 태어났기 때문에 겪는 갈등이나, 마음의 상처를 극복하도록 돕는 방법에 대해 생각해 보자.

쌍둥이에는 태어날 때부터 외모뿐만 아니라 모든 신체적 특징이 똑같은 일란성 쌍둥이와 서로 다른 이란성 쌍둥이가 있다.

앞의 경우는 하나가 될 아이가 둘로 분화되었다고 보면 이해하기 쉽고, 뒤의 경우는 엄마의 뱃속에서 동시에 두 아이가 생겨난 것이라고 보면 된다.

일란성 쌍둥이는 성별도 같고, 유전적 요인도 똑같은 상태이므로 상태가 좋을 때는 돌보기가 쉽지만 좋지 않은 상태일 때는 두 배로 힘이 들게 된다.

이란성 쌍둥이는 성별이 같은 경우도 있고 다른 경우도 있으며, 남자 쌍둥이, 여자 쌍둥이, 남자 여자 쌍둥이가 있다. 이들은 태어날 때부터 각자 모든 특성이 다른 두 명인 것이므로 연년생보다 더 키우기 힘든 두 아이라고 생각하면 된다.

즉 동시에 태어났을 뿐이지, 각자의 유전적, 신체적, 정서적, 지적 면에서 발달에 차이를 보여 키우면서 동시에 두 명을 비교할 수 있으므로 둘 중의 하나는 우수한 것처럼 보이고, 이에 비해 뒤떨어지는 아이는 열등한 아이로 보기가 쉽다.

또 한 명이 적극적이면 다른 아이는 소극적이거나, 한 명이 남성적이면 다른 아이는 여성적인 성격이 두드러지게 되는 것도 이란성 쌍둥이의 특징이다.

우리는 흔히 서로 다른 환경에서 일란성 쌍둥이를 키웠을 때, 후에 어떤 차이가 생기게 될까 하는 실험으로 양육 환경의 중요성을 강조하는 연구들을 보아 왔다.

즉 부모가 어떻게 아이를 키우느냐에 따라 아이의 성격이나 생활 태도, 지능 등에 미치는 영향이 크다고 주장하며 양육 방법의 중요성을 강조한다. 따라서 쌍둥이를 기르는 부모의 태도에 따라, 그 결과가 다르리라는 것은 쉽게 예측할 수 있을 것이다.

쌍둥이를 기르는 부모는 자신이 현실을 얼마나 긍정적으로 받아들이고 있는지, 육체적, 정신적으로 얼마나 건강한지를 항상 염두에 두어야 할 것이다.

일반적으로 쌍둥이를 대하는 부모들의 태도는, 과거에는 쌍둥이를 부정적인 시각으로 많이 보았으나 요즘에는 서서히 바뀌는 것 같다. 그러나 양육이 몇 배 힘들기 때문에 쌍둥이가 태어나면 일단 난감해하고 거부하고 싶은 심리적 특성을 보이기도 한다.

우선 육체적으로 힘들기 때문에 다른 사람의 도움을 받을 수 없는 형편일 때에는, 엄마 자신이 신체적 고통을 받게 되어 정신적으로도 고통스럽고 무력감에 빠질 수 있어 자녀에게 미치는 파급 효과가 크게 된다.

또 두 아이 중에 하나를 편애하는 마음이 생기기 쉽다. 연년생이나 형제인 경우 큰아이는 큰아이로서 기대하고, 작은아이는 작은아이로서 구실을 기대하지만, 쌍둥이의 경우에는 동시에 태어난 두 아이를 보며 감정적 선호가 쉽게 드러난다. 즉 성별에 따라서 부모가 좋아하는 성격을 가진 아이, 발육이나 발달이 빠른 아이에 대해 특별히 관심을 기울일 수 있게 되는 것이다.

그렇게 되면 부모가 더 좋아하는 아이는 자기 주장이 점점 강해지고, 그렇지 못한 아이는 부정적인 관심이라도 끌고 싶어, 잘 운다거나 짜증을 잘 내거나 분노를 터뜨리거나 하여 환경에 적절하게 대처하지 못하는 특성을 보이기도 한다.

그러므로 쌍둥이를 기르는 부모는 자신이 현실을 얼마나 긍정적으로 받아들이고 있는지, 육체적, 정신적으로 얼마나 건강한지를 항상 염두에 두어야 할 것이다.

한편, 쌍둥이를 낳은 부모는 자신의 자녀가 쌍둥이라는 사실을 인정하고 싶어하지 않기 때문에 형이나 동생 관계를 지나치게 강조하거나, 둘 중 한 명을 호적에 1년 늦게 올리는 등의 행동을 하기도 한다.

그러나 이런 행동은 별로 바람직하지 않다. 왜냐하면 아이 자신이 현실을 바로 알고, 제대로 받아들이는 것을 방해하기 때문이다. 즉 자신이 쌍둥이라는 사실을 알게 되면 상대적으로 소외감을 느끼고, 자기 스스로 부정적인 자아를 쌓아 가게 되므로 떳떳하게 현실을 받아들일 수 있도록 처음부터 자신이 쌍둥이라는 사실을 알게 하는 것이 더 좋은 부모의 태도이다.

쌍둥이를 키우는 부모들에게

쌍둥이를 둔 많은 부모들은 쌍둥이가 동시에 태어났다는 생각 때문에 두 아이가 아주 비슷한 생각을 하고 비슷한 행동을 할 것이라고 기대하는 경향이 있다. 그래서 머리 모양을 똑같이 해 준다거나 옷을 똑같이 입히는 등 외모를 같게 꾸며 주거나, 아이들이 행동을 같이 하기를 은연중에 기대한다. 그러나 이는 두 아이를 스스로 경쟁의 대상이 되게 하는 동시에 둘을 각각 다른 인격이 있는 개체로 생각하기보다는 하나로 묶어 생각하게 한다.

또 쌍둥이 부모는 하나가 아니라 한꺼번에 둘을 키운다는 생각에 스스로 자신의 역할이 몇 배 힘들다고 생각하고 자녀에게는 사랑의 양이 나누어져 한 자녀보다 반밖에 사랑하지 못한다는 죄책감을 가질 수도 있다.

그 밖에도 쌍둥이 부모는 한 자녀나 연년생 형제 등을 키우는 부모에 비해 다른 양육 태도를 보이는 경우가 많다. 하지만 아이에게 미치는 영향은 자녀가 하나냐, 둘이냐, 쌍둥이냐 아니냐보다는 부모 자신이 어떻게 생각하고 있는지, 부모가 될 준비를 얼마나 하고 있었는지, 부모 자신이 육체적 정신적으로 얼마나 건강한지, 자녀를 대하는 양육 태도가 얼마나 일관성 있고 올바른지가 더 중요하다는 사실을 명심해야 한다.

쌍둥이를 잘 키우는 육아 지혜 9가지

각기 개성 있는 두 인격체로 대하자 우선 쌍둥이가 일란성 쌍둥이건 이란성 쌍둥이건 간에 둘을 묶어 하나로 생각하지 말고, 각자 개성이 다른 두 명을 키운다는 생각을 해야 한다.

그러므로 두 아이를 항상 같은 수준에서 획일적으로 보지 말고, 두 아이 중 다른 면을 그의 개성으로 인정하여 '둘이 다르다'고 생각해야지 '둘이 틀리다'거나 '하나가 잘못한다'고 생각하게 되면 쌍둥이는 둘 사이가 다른 형제 아이들보다 더 경쟁적이 되고, 질투심으로 부모의 관심이나 사랑을 서로 끌려고 하는 행동을 필요 이상으로 많이 하게 될 수 있다.

다른 친구들과 자주 놀게 하자 쌍둥이 형제들은 많이 다투기도 하지만 발달 수준이 비슷하고, 욕구 수준이 같기 때문에 다른 아이들과 어울리기보다는 둘이서만 잘 노는 경향이 있다.

부모도 둘이 노는 것이 편하므로 다른 집에 데려가기보다는 둘이서 많은 시간을 함께 놀게 하기가 쉽다. 그러나 유아기는 다른 사람을 보고 따라하기를 많이 하는 시기이므로 너무 둘이서만 같이 놀아 둘의 성격이 독특한 방식으로 굳지 않도록 해야 한다. 다른 집이나 다른 아이들이 노는 곳에 자주 보내 쌍둥이 형제가 아닌 다른 아이들의 행동을 볼 수 있는 기회를 많이 주는 것이 필요하다. 그렇게 되면 둘만의 독특한 세계가 아니라, 점차 폭넓은 대인 관계를 맺는 데 자연스럽게 도움이 될 수 있다.

쌍둥이라는 사실을 숨기지 않는다 이제 세상이 많이 달라져 옛날과 같이 쌍둥이에 대한 편견은 사라졌으므로, 부모가 쌍둥이라는 사실을 처음부터 떳떳하게 알려 주면 아이들 자신이 누구보다도 서로 잘 이해할 수 있는 긍정적 자아 개념을 형성하는 데 도움이 된다.

쌍둥이를 비교하거나 경쟁시키지 않는다 부모들은 아이들에게 형제간의 우애를 강조하지만, 형제간의 우애를 깨는 일은 부모가 제일 많이 한다. 둘을 비교하고 평가하는 행동이 아이를 서로 질투하고 경쟁하게 만든다는 사실을 잊고 있는 것이다.

흔히 식사 시간에도 무의식적으로 '누가 먼저 먹나.' '누가 많이 먹나.' 등의 말을 해 경쟁을 부추기는데, 이런 행위가 자녀들 사이의 질투와 경쟁심을 일으켜 우애를 손상할 수 있다는 사실을 잊지 말아야 한다.

특히 쌍둥이는 서로 비교되고 경쟁하기가 쉬운 여건이어서 둘 중 한 명은 자신을 열등하다고 평가하게 되므로 부모가 둘을 경쟁시키거나 비교하는 언행은 삼가야 한다.

쌍둥이를 떼어서 기르는 것은 좋지 않다 한 엄마가 쌍둥이를 혼자 기른다는 것은 힘든 일이다. 그래서 둘 중 하나를 조부모 댁 등에 맡겨, 둘을 떼어서 기르는 경우가 흔한데, 이는 가급적 피해야 할 일이다. 특히 어릴수록 아이가 의사 표현을 못 하므로 모를 것이라고 생각하지만, 오히려 어릴수록 영향을 크게 받는다.

특히 생후 1~2년 동안은 거의 전적으로 어른에게 의존하여 생활하는 시기인데 이때 애정 없는 보살핌을 받거나, 일관성이 없게 이 사람 저 사람의 손에서 양육되면 기본적인 신뢰감 형성에 문제가 생겨, 후에 성인이 된 다음에도 성격에나 정신 건강에나 어려움을 겪게 되는 것을 볼 수 있다.

상담소를 찾는 아이 중에는 형제나 쌍둥이의 경우, 한 명만 떼어 조부모 댁에서 키웠을 때 그 아이만 문제가 되어 찾아오는 경우가 많다.

그러므로 신생아 시기에 모를 것이라고 떼어 놓는 행위는 하지 말아야 하며, 차라리 조부모나 친척들과 가깝게 살아 도움을 받는 편이 훨씬 효과적이다.

쌍둥이에게 같은 장난감을 두 개씩 준다 어린아이들은 잘 가지고 놀지 않던 장난감도 다른 아이가 가지고 놀면 사 달라고 하거나 갑자기 가지고 놀고 싶어하기도 한다.

그러나 흔히 부모들은 똑같은 것을 두 벌 사는 것은 낭비라고 생각해서 둘 다 경찰차를 사 달라고 조르는 쌍둥이에게 강제로 하나는 경찰차를 사 주고 하나는 트럭이나 다른 종류의 장난감을 사 주는 경우가 있다.

이렇게 함으로써 경제적으로는 같은 값에 두 배의 효과가 있다고 생각할 수 있으나, 자신이 요구하지 않은 것을 받은 아이는 오히려 마음에 상처를 입게 되므로 원하는 것이 같을 때는 똑같이 사 주고 각각 이름을 써서 표시해 주어 모양은 같지만 의미는 다르게 해서 쌍둥

> 상담소를 찾는 아이 중에는 형제나 쌍둥이의 경우, 한 명만 떼어 조부모 댁에서 키웠을 때 그 아이만 문제가 되어 찾아오는 경우가 많다.

이의 특성을 인정해야 한다. 또 아이들이 심리적으로 동등한 대우를 받는다고 느낄 수 있도록 한다.

유치원이나 학교에서는 가급적 다른 반에 넣도록 한다 쌍둥이가 한 학급에서 생활하게 되면, 부모는 지도하기가 훨씬 편하게 된다. 그러나 다른 아이들에게는 '쌍둥이 중의 ○○'라고 인식이 되므로, 서로 다른 개체로 인정받는 데 방해가 된다.

쌍둥이는 성인이 되면 어차피 서로 개성이 다른 독특한 한 사람으로 살아가게 된다. 따라서 성장하면서 서로 독자적인 영역을 갖고 생활하는 것이 바람직하기 때문에 학교에서는 가급적 다른 반에서 지내는 것이 좋다.

특히 쌍둥이 중에 발육이나 발달이 늦은 아이가 있는 경우 비교되지 않고, 독자적으로 자신의 이미지를 구축해 갈 수 있기 때문에 도움이 된다.

남녀 쌍둥이의 경우 성역할을 지나치게 강조하지 않는다 쌍둥이들이 같이 어울려 생활하다 보면 놀이도 늘 함께하므로 남자아이가 소꿉놀이도 하고 가 남자아이들이 즐기는 놀이도 같이 하게 된다.

가끔 할머니들이 남자아이가 인형놀이를 한다고 야단치거나 여자아이가 남자아이처럼 거칠게 논다고 나무라는 것을 볼 수 있다.

그러나 과거에는 남자 여자의 역할이 고정 관념으로 묶여 있었으나, 현대는 개인의 능력이나 개성이 중요시되고 있다. 남자 여자라는 개념보다는 행동의 남성 성, 여성 성을 강조하는 시대이므로 유아기에는 자연스럽게 놀게 하여도 무리가 없다.

학교에 입학하면서부터는 동성의 모델을 닮아 가려고 노력하고, 친구들도 이성 친구보다는 동성 친구끼리 어울리는 행동 특성을 보이므로 그다지 염려하지 않아도 된다.

쌍둥이의 싸움에는 부모가 크게 간섭하지 않는다 형제들은 싸우면서 큰다. 나이 차이가 적을수록 더 자주 싸우므로 쌍둥이는 매우 자주 싸우게 된다. 왜냐하면 서로 욕구 수준이 비슷하고 관심이 비슷하여 서로 자신의 주장을 강하게 하며, 부모가 혹시 다른 아이만 편애하면 어쩌나 하는 염려 때문에 더 자주 다투게 된다.

함께 놀다 다투는 것은 정상적인 일이지만 싸움의 빈도나 강도가 증가하면 부모는 혹시 부모의 중재 방식에 원인이 있지 않은지 살펴보아야 한다.

아이들은 자신이 부모한테 덜 사랑받고 있다고 느끼면, 그 분노를 다른 형제를 괴롭히는 행동으로 표현할 수도 있기 때문이다. 부모의 편애가 싸움을 더 하게 만드는 원인은 아닌지 살펴보고, 부모가 싸움을 중재하는 방법이 일방적으로 항상 한 아이 편만 드는 것은 아닌지 살펴보아야 한다.

일하는 엄마의 아이 키우기_죄책감을 갖지 마라

여성의 지위 향상과 사회 구조의 변화에 따라 여성의 사회 참여가 늘고 있다. 결혼 전 잠시 하던 직장 생활이 이제는 결혼과 관계없이 본인의 능력과 여건에 따라 계속할 수 있게 되어 일하는 엄마들이 많아진 것이다. 이에 따라 일하는 엄마들의 고충 역시 늘고 있는데, 특히 육아 문제로 가장 크게 갈등을 겪고 힘들어하는 것을 볼 수 있다.

상담소를 찾는 엄마들 가운데 직업을 갖고 있는 엄마들은, 아이 문제의 가장 큰 원인은 엄마 자신이며, 그 이유 또한 자신이 직장 생활을 하고 있기 때문으로 단정하는 경우가 많다.

그러나 엄마가 직업을 갖고 있느냐 그렇지 않느냐가 직접적으로 아이의 문제를 불러일으키는 것은 아니다. 즉 엄마가 직업을 갖고 있다는 것은 부모 자녀 관계나 아이의 양육에 장점과 단점이 함께 있는 것이지, 직업을 가진 엄마의 자녀가 모두 문제행동을 보이는 것이 아니기 때문이다.

아이의 문제는 부모와 자녀의 관계가 어떠하냐에 따라 문제가 되기도 하고 그렇지 않기도 한다. 부모 자녀 관계가 신뢰할 수 있는 관계이며, 서로 사랑하고 사랑받고 있다고 느끼고 있는지와 부모의 교육관, 양육 태도 등이 엄마의 취업 여부보다는 아이에게 더 영향을 미치는 것이다.

가끔 사람들이 "저 아이는 엄마가 직장 나가는 애 같지 않아." "얘는 엄마가 직장에 나가니까 그렇지." 하는 식으로 표현하는 것을 볼 수 있다. 엄마가 직장에 나간다면 뭔가 아이에게 '티'가 나야 된다고 생각하는 선입관, 바로 이 선입관이야말로 일하는 엄마들 자신이 가장 먼저 고쳐야 할 일이다.

낮에 집에 없다는 사실만으로 죄책감을 갖지 마라

엄마가 직업을 갖고 있다면 어쩔 수 없이 아이와 떨어져 있어야 하는 시간이 있다. 이때 아이에게 엄마가 필요한데도 집에 없다는 사실만으로 죄책감을 갖는 것은 옳지 못하다. 엄마가 집에 없다는 사실 자체보다는 그 시간을 어떻게 대처해 놓고 나갔느냐 하는 것이 문제인 것이다.

> 엄마 자신이 일을 한다는 긍지와 보람을 느끼는 태도, 아이에게 이를 이해시키는 태도가 중요하다.

아이들은 부모를 모델로 삼고 살아가게 된다. 따라서 일하는 엄마를 통해, 적극적으로 보람 있는 일을 찾아서 살아가는 자세를 보고 배울 수 있다. 따라서 엄마 자신이 일을 한다는 긍지와 보람을 느끼는 태도, 아이에게 이를 이해시키는 태도가 중요하다.

그러나 엄마가 부재중일 때 아이의 나이가 어리면 어릴수록 대리모가 있어야 한다. 즉 할머니나 이모, 고모 등의 도움을 받거나 경우에 따라 탁아모의 도움을 받아도 좋다.

만약 개인적인 탁아모를 둘 형편이 아니면 탁아소 등에 맡겨서 아이들이 어른의 보살핌 속에서 생활할 수 있는 환경을 만들어 주어야 한다.

엄마가 집에 '있다', '없다'는 좋다 나쁘다 식으로 판단할 것이 아니라,

엄마가 직업을 가짐으로써 생기는 공백에 대해 철저히 준비해 놓는 것이 더 필요하다.

애정을 물질로 표현하지 마라

직업을 가진 엄마들은 아이와 함께 있지 못한다는 이유만으로 죄책감을 느끼고 아이에게 물질적으로 자신의 부재를 보상하려는 실수를 하기 쉽다.

즉 낮 시간에 함께 있지 못하는 대신 용돈을 듬뿍 주어 다른 아이 앞에서 기를 살리게 한다든지, 값비싼 장난감을 많이 사 줌으로써 다른 아이의 부모보다 내가 잘 해 주고 있다는 인식을 아이에게 심으려 한다면 큰 실수를 하게 되는 것이다.

이는 어떤 일이든 돈으로 보상하려는 의도를 은연중에 아이에게 보여 주는 결과도 되고, 부모 자녀 관계에서 물질적인 주고받음만이 크게 부각되어 부모는 정신적으로 의지하고 의논하는 대상이 아니라 물질적인 후원만 하는 존재로 잘못 인식될 수도 있기 때문이다.

그러므로 이렇게 물질적 대리 만족 속에서 자란 아이는 부모에게 하는 효도 정신적인 면보다는 물질적 제공에 더 비중을 둘 수 있으며, 모든 대인 관계도 이런 식으로 처리하려는 실수를 할 수 있다.

> 엄마가 직업을 가짐으로써 생기는 공백에 대해 철저히 준비해 놓는 것이 더 필요하다.

직업을 가진 엄마든 아니든 간에 물건의 구입은 얼마나 필요한 것인가에 따라 구입하는 자세를 가르쳐야 합리적인 소비 문화를 배울 수 있다. 출근 때마다 아이에게 돈을 주는 행동은 자제해야 한다.

대리양육자도 부모와 같은 통제권을 지녀야 한다

낮에 아이를 돌보는 할머니나 그 밖의 식구들이 아이가 잘못한 행동을 즉시 바로잡아 주지 못하고 "너 저녁에 엄마 오시면 이를 거야." "너, 아빠 오시면 혼날거야." 등의 위협을 아이에게 했다면 저녁이 되어 부모를 대하게 되는 아이는 가슴이 철렁할 것이다. 부모를 본 순간 반가운 사람이기보다 야단치는 사람으로 느끼기 때문이다.

낮에 아이를 돌보는 사람과 부모는 양육에서 동등권이 있어야 한다. 그러다 보면 부모 자녀의 관계는 신뢰하는 관계가 아니라 야단치고 야단맞는 관계가 됨으로써 부모가 부모로서의 구실을 제대로 못하게 되고, 서로 신뢰하지 못하는 관계가 되기 쉽다.

또 아이는 낮에는 그야말로 말 안 듣는 아이, 내 마음대로 하는 아이였다가 저녁에만 순종하는 아이로 처신할 수도 있어, 낮에는 제멋대로인 아이에서 밤에는 지나치게 눈치 보고 주눅이 든 아이로 변하기도 한다.

그러므로 낮에 부모 대신 아이를 돌보는 사람이라면 낮 시간의 양육자이므로 이 시간에 일어난 일에 대해서는 직접 아이를 통제할 수 있어야 한다. 또 이때의 양육 방법과 부모의 양육 방법에 일관성이 있어야 한다.

낮에 아이를 돌보는 사람과 부모는 양육에서 동등권이 있어야 한다. 낮에 할머니가 용서해 준 사실을 밤에 부모가 다시 야단치거나 훈계하면 아이는 낮에는 말을 더 안 듣고, 대신 부모님께 이르지 말라는 엄포를 놓거나 간청하는 꾀만 늘 것이다. 낮 동안 돌보는 양육자에게 그 시간 동안은 절대권을 부여하고 인정하는 것이 중요하다.

그리고 할머니가 더 많은 시간을 돌보게 되는 어린아이의 경우, 늦게 귀가한 엄마가 할머니만 따르는 아이를 섭섭하게 여겨서는 안 된다. 이 아이의 주된 양육자가 할머니라는 사실을 명심하고 당연한 현실로 받아들여야 한다. 부모가 귀가한 후 주된 양육자의 자리를 빼앗으려 하지 말고 오히려 주된 양육자를 따르는 사실을 감사히 여겨야 마땅할 것이다.

아이가 점점 크면서 부모는 부모로서의 다른 역할이 생기게 된다. 따라서 아이가 할머니를 더 좋아하는 것으로 부모의 역할을 잃었다고 생각하지 말고 감사히 생각해야 한다. 이런 부모의 자세에서 아이는 신뢰와 존중하는 마음을 배워 부모 자녀 관계에도 좋은 영향을 미칠 것이다.

아이 보는 앞에서 다른 양육자의 잘못을 지적하거나 훈계하는 일은 절대로 하지 말아야 할 것이다.

함께 있는 시간을 밀도 있게 즐겁게 보내라

엄마 자신이 피곤하다고 부모의 역할을 미루다 보면 그 역할이 더 귀찮아지고 스스로 피하려 하게 되어 부모 자녀 사이도 멀어지고 신뢰와 애정도 감소할 수 있다.

또 자녀와 함께 있는 시간이 적어지면 엄마로서의 역할에 자신이 없어지기도 한다. 그래도 엄마의 역할을 포기해서는 안 되며 함께 있는 시간을 최대한 활용해야 한다. 시간의 양보다 얼마나 유용하게 시간을 보냈느냐가 더 중요하기 때문이다.

즉 엄마와 아이가 함께 있는 시간의 양이 문제가 아니라 그 시간 동안 부모 자녀가 어떻게 시간을 보냈느냐가 더 중요하다. 하루종일 한 일에 대해 보고받고 사사건건 검사하고 야단치는 시간이었다면 아이는 부모가 함께 있는 일이 기쁘지 않게 느껴질 수 있다. 그렇지 않고 같은 시간 동안 즐겁게 함께 놀고 이야기를 나누는 시간이었다면 아이는 부모가 자신을 이해하는 좋은 사람이며 부모와 함께 있는 시간은 즐거운 시간이라는 인식을 갖게 될 것이다.

그러나 아이가 어릴수록 부모가 아이와 있는 시간의 양도 중요하다. 따라서 일 주일 중 하루는 낮에 돌보는 사람 없이 부모와만 생활하는 경험도 필요하다. 주말에 부모와 외출한다든지 어떤 곳을 방문하는 경험 등이 아이에게 의미있는 일로 받아들여질 수 있기 때문이다.

좀 큰 아이의 경우라면 엄마가 하고 있는 일에 대해 설명도 해 주고, 직장을 구경시켜 주어 떨어져 있는 동안 아이가 심리적으로 가깝게 느낄 수 있게 도와주어야 한다. 또 엄마가 일을 할 수 있는 것은 너희들이 그만큼 잘해내고 있기 때문에 엄마가 일을 포기하지 않을 수 있다고 설명해 준다.

아이의 공헌에 대해 인정해 주는 대화나 태도에서 아이는 스스로 더 잘 해내려는 노력을 할 수 있고, 엄마가 일을 잘해 낼 수 있는 것도 가족 모두의 노력의 결과라는 보람을 느낄 수 있게 된다.

> 아이와 함께 있는 시간의 양이 문제가 아니라 그 시간 동안 부모 자녀가 어떻게 시간을 보냈느냐가 더 중요하다.

그런 과정을 거쳐 아이는 엄마의 일을 그냥 받아들여야 되는 소극적 자세에서 함께 선택하여 노력한다는 적극적 자세로 바뀔 것이다.

하루의 일과를 미리 계획하고 준비하라

가끔 아이의 준비물 때문에 아침 출근 시간에 발을 동동 구르는 광경을 보게 되는데, 미리미리 계획하고 준비하는 습관이 되어 있지 않기 때문이다. 특히 엄마가 집에 없는 경우에는 미리 계획하여 준비하는 습관을 어릴 때부터 길러 주는 것이 중요하다. 엄마도 준비물 등을 꼭 전날 확인하여 아침에 서두르지 않도록 시범을 보여야 한다.

엄마도 아이도 바쁜 아침 시간에 준비물을 챙기다 보면 자칫 엄마는 아이에게 짜증을 낼 수도 있다. 이는 아이에게 상처를 주는 일로 절대 피해야 한다. 그 전날 저녁에 아이와 함께 숙제와 준비물 등을 챙기면서 이야기를 나누는 시간이 필요하다.

과보호와 지나친 규제를 피해야 한다

엄마와 떨어져 있다는 사실만으로 지나치게 애처롭게 생각하고 '오냐, 오냐' 허용하다가, 버릇없는 행동이 보이면 바로잡아야 되겠다는 생각에 지나치게 야단치거나 벌을 세우는 경우를 볼 수 있다. 그러나 이 또한 아이를 혼란스럽게 하는 행동이다.

허용과 제한의 의미를 바르게 인식시키고 분명하게 가르쳐야 한다. 해도 되는 행동과 해서는 안 되는 행동을 일러 주되 그 제한은 일관성이 있어야지 부모가 기분이 좋을 때는 허용하고 화가 났을 때는 야단을 쳐서는 안 되는 것이다. 꼭 필요한 제한 외에는 아이의 자유를 최대한으로 허용하는 태도를 보임으로써 아이는 해야 될 것과 해서는 안 되는 것을 바르게 배울 수 있다.

동생을 보게 된 큰아이에게는
알아듣도록 미리 설명하라

둘째 아이를 임신한 부모에게 "왜 둘째를 낳기로 하셨어요?" 하고 물으면 "큰아이를 위해서요."라고 대답하는 경우가 많다.

그러나 둘째를 낳는 것, 즉 동생을 본다는 것은 큰아이에게 득이 될 수도 있고 상처가 될 수도 있다는 것을 명심해야 한다. 부모가 동생의 출생에 대해 큰아이에게 어떻게 이야기해 주느냐에 따라, 즉 사전 교육이 어떠했느냐에 따라 좀더 편안하고 행복한 마음으로 동생의 출생을 맞이하느냐 그렇지 못하느냐가 결정된다.

부모가 동생의 출생에 대해 큰아이에게 어떻게 이야기해 주느냐에 따라, 즉 사전 교육에 따라 좀더 편안하고 행복한 마음으로 동생의 출생을 맞이하느냐 그렇지 못하느냐가 결정된다.

큰아이의 나이에 따라 설명하는 표현 방법이나 내용은 다소 다를 수 있지만 임신 5~6개월부터 큰아이에게 준비를 시켜야 한다. 즉 엄마와 아빠가 사랑하고 있고 엄마 아빠가 아기를 낳겠다고 결정하여 태어나는 것임을 알려주어야 한다. 일부 종교에서는 '하나님'이 결정하여 태어나는 것이라고 설명하기도 한다. 그러나 일반적으로 엄마 아빠의 사랑과 자녀를 낳겠다는 의지에 따라 아기가 태어난다고 설명하면 부모의 사랑에 대해 아이가 확신을 가질 수 있어 도움이 된다.

"엄마와 아빠가 너를 낳기로 결정하고 네가 태어나기를 아주 많이 기다려서 네가 태어나게 되었단다. 네가 태어나 엄마 아빠는 얼마나 기뻤는지 몰라. 또 지금은 이렇게 건강하게 자라고 있으니 무척 자랑스럽구나. 엄마 아빠는 너를 사랑하고 있단다. 그런데 엄마 배를 만져 볼래? 어때? 왜 그럴까?" 하고 서두를 꺼내어 지금 큰아이를 사랑하고 있다는 느낌을 먼저 전달해서 아이가 납득하게 한 후 동생의 출생에 대해 설명해야 한다.

즉 동생에 대한 관심이나 염려는 너에 대해서도 같았다는 것을 인식하게 하고 지금 너는 이렇게 큰아이로 자랐다고 성숙의 의미를 설명해 주는 것이 필요하다. 그러므로 동생은 나의 경쟁의 대상이 아니라 나보다 힘이 약해 내가 보호해 주어야 하는 존재라는 인식을 하게 하는 것이 중요하다. 이렇게 기대와 설렘 속에서 동생을 맞게 되면 갈등이 훨씬 줄어들 수 있기 때문이다.

동생의 출생에 대해서는 구체적으로 아이에게 설명하여야 하는데, 태동이 나타날 때 아이 손으로 만지게 하거나 귀를 대고 들어 보게 한다. 아기를 낳기 위해 엄마가 병원에 가게 되면 그때 아이는 할머니와 함께 있어야 하며, 나중에 아기를 집으로 데려왔을 때 아이가 도울 수 있는 일(기저귀 갖다주기, 우유병 주기 등)을 아이 수준에 맞게 설명해 주는 것이 도움이 된다.

큰아이가 태어났을 때부터 지금까지의 사진을 차례대로 보여 주며 동생도 이렇게 자랄 것이라는 것을 설명하면 훨씬 이해가 빠를 수도 있다.

또 산후 조리를 위해 아이를 따로 떼놓는 일은 피하는 것이 좋다. 할머니나 도와 주시는 분이 함께 아이의 집에 머무르게 하거나, 그렇게 하기 어려울 때는 차라리 큰아이도 함께 데리고 가서 몸조리를 하는 것이 큰아이의 심리적 부담을 덜어 주는 길이다. 가능하면 병원에서 동생이 퇴원할 때 동행하게 하여 처음부터 큰아이가 동생을 맞이하도록 하여야 한다.

이같이 처음에 신중히 하면 큰아이가 상처를 훨씬 덜 받게 할 수 있다. 그러나 이렇게 준비를 잘 시켰어도 큰아이는 커 가면서 또 다른 좌절이나 심리적 갈등을 경험하게 되어 이런 심리적 부담이 문제행동으로 나타나기도 한다. 대소변을 가리던 아이가 동생을 본 후 오줌을 싼다거나 말을 더듬거나 울음이나 짜증이 많아지는 것은 흔히 일어나는 일이다. 이런 일시적인 행동은 부모의 사랑과 관심으로 대부분 없어지나 오랫동안 지속되거나 점점 심해질 경우는 전문적인 상담이나 치료가 필요하게 된다.

심한 경우는 선택적 함구증(특정인 외에는 말을 하지 않는 증상)이나 실어증에 걸리기도 하고, 야뇨증이나 바지에 변을 묻히고 다니는 유분증, 눈깜박임 등 특정 근육을 움직이는 '틱' 장애, 자폐증과 유사한 행동 등을 보이기도 하고 발달이 지연되거나 퇴행하는 경우도 있다.

이런 행동들이 나타나는 원인은 아이가 심리적으로 편하지 않다는 것을 말하는 것이다. 그러므로 동생 때문에 겪게 되는 갈등이 무엇인지 살펴야 한다.

첫째는 부모가 "애기 자니까 조용히 해!" 하고 윽박지르기보다는 "애기가 울면 시끄럽고 엄마가 네게 책을 읽어 줄 수 없으니 아기를 잘 자게 하고 놀자." 하며 아이가 동생을 재우기 위해 스스로 조용히 하고자 하는 마음이 들게 한다거나, 아이에게 기저귀 갖다 주기, 놀아 주기 등의 일을 하도록 하여 동생은 나의 경쟁자가 아니라 나와 엄마가 함께 돌보아야 하는 대상이라는 인식을 갖게 하는 것이 필요하다.

둘째는 아이가 동생 때문에 속상한 마음을 표현하게 해 주고 아이를 이해하고 사랑하는 엄마의 마음을 전달해 주어야 한다.

형제의 터울에 대해 여러 가지 견해가 있으나 두 명을 낳는다면 2년~4년 정도의 터울이 적당하며 연년생으로 두 아이가 모두 엄마 손이 필요한 기간이 겹치지 않게 조절하는 지혜가 필요할 것이다.

정신적 질환의 뿌리를 찾아보면 대부분 어린 시절의 부모 자녀 사이의 갈등이 원인이므로 동생을 본 후 문제행동이 보이면 빨리 전문가와 상담하여 치료하도록 해야 한다.

'왜'라고 물을 때는 성의 있는 태도로 답을 유도하라

아이들은 갑자기 '왜?'라는 질문을 하여 부모를 당황하게 하거나 어떻게 설명해야 할지 난감하게 만든다.

"엄마, 왜 책상이라고 해?" "엄마, 왜 난 남자야?" "엄마, 왜 사람은 죽어요?" "엄마, 왜 학교에 가야 해요?" 등등 끊임없이 질문을 쏟아 놓으면 부모들은 가끔은 아이가 묻는 질문의 요지가 무엇인지 몰라서 대답하기 곤란할 때도 있고 대부분의 경우 알고는 있으나 어떻게 설명을 해야 아이가 이해할지, 어디까지 알려 주어야 할지가 걱정이 된다.

> 알고자 하는 욕구가 있을 때 알려 주어야 아이는 가장 효과적으로 배울 수 있고 기억할 수 있다.

'왜?'라는 질문의 유형은 아이의 발달 단계에 따라 두 가지로 나눌 수 있다. 3~4살 무렵은 자아가 싹트고 호기심이 많아지는 시기이므로 모든 사물에 대해 이름은 무엇인지, 어떤 것인지 그 원리나 이유를 사사건건 질문한다.

초등학교 시기는 기존의 사실들에 관해서도 '왜 그럴까?' 원리를 따지고 싶은 욕구가 강하게 일고, 어떤 사실을 비교하거나 분석하고자 하는 생각에서 '왜?'라는 질문을 더하게 된다.

이런 '왜?'라는 질문을 많이 하는 아이는 사고력, 추리력 등이 다른 아이보다 발달되어 있는 것을 볼 수 있는데, 이런 능력은 선천적으로도 개인 차이가 있겠지만 아이가 궁금해할 때 주변 상황이 어떠했는지에 따라 그 능력이 점차 계발될 수도 있고 저하될 수도 있다.

즉 아이의 질문에 부모나 주위 사람이 어떻게 대답해 주었느냐에 따라 사고력이나 추리력이 높아지거나 뒤떨어지는 아이로 자랄 수도 있다.

사물의 이름 등과 같은 단순한 질문에 대해서도 부모의 반응이 중요하므로 아이의 질문에 대답할 때 부모의 태도가 어떠해야 할지 생각해 보자.

아이의 질문을 묵살하지 않는다

아이가 엉뚱한 질문을 하면 "얘, 그건 말도 안돼." 하고 일축해 버리거나 "넌 몰라도 돼." 하고 아이의 질문을 묵살해 버리는 경우가 있다. 어떤 질문은 부모가 설명하기가 곤란하여 "나중에 크면 알게 된다."라고 답을 미루기도 한다. 이런 대답은 아이의 호기심의 싹을 잘라 버리는 행위이며 이런 대답을 들은 아이는 궁금한 것이 있으면 일단 어른은 피하고 또래들에게 묻거나 다른 방법으로 의문을 해결하려고 하므로 아이의 질문을 회피하거나 무시하는 태도는 금물이다.

또한 알고자 하는 욕구가 있을 때 알려 주어야 아이는 가장 효과적으로 배울 수 있고 기억할 수 있다. "조금 있다 알려 줄게." 한 뒤 시간이 지나면 알고자 하는 아이의 욕구가 감소되거나 잊게 되어 알 수 있는 기회를 아주 상실할 수도 있으므로 아이가 질문하는 그 시기를 절대로 놓치지 말아야 한다.

생각할 시간을 준다

아이가 질문할 때 답을 회피하는 것도 좋지 않지만, 묻는 즉시 답만 말해 주는 것 또한 생각할 수 있는 기회를 빼앗는 결과가 된다.

즉 아이의 이야기를 잘 듣는 '반영적 경청'의 태도로 아이의 질문을 열심히 들어 주면 아이는 질문 도중 자신이 생각하지 못했던 답을 스스로 얻을 수 있다. 그러므로 잘 들어 줌으로써 아이가 반 이상 답을 찾을 수 있게 하는 것이 좋다.

그러나 아무리 잘 들어 주어도 아이가 해답을 찾지 못하는 경우도 있다. 그럴 경우라도 즉각적으로 대답해 주기보다는 아이가 생각할 시간을 주는 것이 필요하며, 아이가 생각하지 못했던 것을 생각하도록 유도할 수 있는 질문이 필요하다.

6살 정도의 남자아이가 식사 도중 엄마에게 질문을 했다. "엄마, 왜 숟가락으로 밥을 먹어야 해요?" 하고 물었다면 "애는 별걸 다 묻네." 하고 잘라 말하거나 "손으로 먹으면 더럽고 불편하니까 숟가락으로 먹지." 하고 답을 말해 줄 수도 있을 것이다. 그러나 전자는 호기심을 말살하는 대답이고 후자는 생각할 수 있는 시간을 빼앗는 결과가 된다.

이 경우에 엄마가 "글쎄, 만약 숟가락을 사용하지 않는다면 어떻게 먹을 수 있을까?" 하고 반문을 하면 아이는 "손으로 먹을 수 있지요."라고 대답할 수도 있을 것이다. 그렇다면 부모는 그 대답에서 연결된 질문으로 "손으로 먹으면 어떤 점이 불편할까?" 하고 물을 수 있을 것이다. 아이는 "손에 음식이 묻어 더러워져요."라든가 "뜨거워서 집을 수가 없어요." "손의 병균이 입에 들어가요." 등을 생각하여 답할 수 있을 것이다.

　이런 과정에서 부모가 답을 직접 들려 주지 않아도 아이는 "아, 손에 묻지 않고, 위생적으로도 좋기 때문에 숟가락을 사용하는 것이군요." 하고 스스로 결론을 찾을 수 있을 것이다. 이렇게 하여 아이는 궁금증이 있을 때 문제를 어떻게 체계적으로 풀어 가는지를 터득하게 되어 다른 문제도 스스로 풀 수 있는 방법을 모색할 수 있게 된다. 이때 부모의 대답은 고기를 낚아서 주는 것이 아니라 아이에게 낚시하는 방법 자체를 터득하게 한 결과가 된다.

> '반영적 경청'의 태도로 아이의 질문을 열심히 들어 주면 아이는 질문 도중 자신이 생각하지 못했던 답을 스스로 얻을 수 있다.

　즉 아이의 '왜?' 라는 궁금증에 대해 부모는 즉각적인 답을 주는 것보다 아이가 답에 도달할 수 있는 길을 터 주는 질문을 함으로써 답에 도달하게 하는 방법이 효과적이다.

　아이가 잘못 생각하는 경우도 있을 수 있다. 이런 경우라도 '만약 ～ 한다면 어떨까?' 하는 가정법 질문으로 아이에게 생각할 시간을 주면, 당장은 시간을 낭비하는 것처럼 보이나 길게 보면 이것이 더 짧은 시간에 스스로 답을 찾게 하는 길이다.

　이런 문답을 통해 아이의 사고력과 유추력이 향상될 수 있어 아이의 문제 해결 능력을 높이는 결과를 얻을 수 있다.

아이의 생각을 부정적으로 비판하지 않는다

부모들은 흔히 아이가 생각을 바르게 했을 때는 "야, 똑똑하구나." "참 잘 생각했구나." 등의 칭찬을 아끼지 않지만, 부모의 생각이나 사실과 아이의 생각이 거리가 멀 때는 "야, 그게 말이 되니?" 등의 표현으로 아이의 생각을 무시하거나 부정적으로 비판하는 경우가 있다.

이런 경우 아이는 틀릴지 모른다는 불안감으로 자신감을 잃게 되고 의기소침해지거나 자신의 궁금증을 대화라는 방법으로 해결하지 못하고 수동적인 자세로 사물을 이해하려 할 수도 있다.

아이의 생각이 사실과 같거나 다르거나 상관없이 부모의 반응은 어느 경우에도 부드러워야 궁금한 것을 물어도 보고 생각도 해 보면서 스스로 답을 찾는 습관을 들이게 된다. 또 호기심이 늘고 자신감도 자라나 철학적으로 사고하는 태도도 갖게 된다.

모르는 것을 물었을 때는 솔직히 모른다고 한다

부모들은 자신이 인간으로서는 완벽한 인간이 아닌 것을 모두 시인하면서도 부모로서는 완벽한 부모가 될 수 있을 것이라는 잘못된 신념에 사로잡혀 있다.

이런 잘못된 신념 때문에 아이에게 부모 자신이 완벽한 사람으로 보이길 갈망하여 '부모는 모르는 것이 없다.'라는 허상을 보여 주려고 노력한다. 이런 허상 때문에 "왜 엄마가 그것도 몰라?" 하는 질문을 받게 되면 부모는 갑자기 치부를 들킨 것 같아서 이를 모면하기 위해 '아는 척' 하기도 한다.

그러나 아이에게 훌륭한 부모는 이렇게 똑똑한, 지식이 많은 부모가 아니라 아이를 사랑하고 이해해 주며 솔직한 모습을 보여 주는 부모이다. 이런 부모가 좋은 부모라는 것을 아이들도 나중에는 알게 된다.

부모가 모르는 것을 아이가 질문했을 때는 "글쎄, 엄마도 잘 모르겠는데, 책을 한번 찾아보자." 하고 유도하거나 "선생님께 여쭤볼까?" 하고 답을 찾는 방법을 함께 모색하는 태도를 보여 줌으로써 부모 자녀 사이에 신뢰감이 뿌리내리게 될 것이며, 모르는 것을 함께 찾아보는 과정에서 아이에게 책의 중요성을 알려 주고 글자를 알고자 하는 학습 욕구를 자연스럽게 자극할 수 있다.

궁금해하는 것만큼 알려 준다

"엄마, 아기는 어떻게 태어나요?" "미국은 왜 다른 나라와 전쟁을 해요?" 하는 질문을 유치원 나이의 아이들이 했다면 부모들은 당황해하며 이것을 벌써 설명해 주어야 하나 의문이 들기도 할 것이다.

아이가 묻는 것은 호기심이 있기 때문이므로 아이가 질문한 내용에 대해서는 부모가 아는 한은 반드시 대답해 주어야 한다. 그리고 그 대답의 내용이나 한계는 아이의 수준에서 이해할 수 있는 내용이어야 한다.

그러나 이때 아이가 계속 꼬리를 물고 질문을 한다면 부모가 생각하기에 아직 어린 나이라 하더라도 설명해 주는 것이 좋다. 반면 이야기 도중 아이가 흥미를 잃고 다른 놀이를 한다면 이야기를 중단하여야 한다. 이미 아이가 이해하기 힘든 내용이거나 흥미가 사라졌기 때문이다.

이때 왜 질문해 놓고 딴짓하느냐고 야단치는 등의 행동은 전혀 효과가 없으므로 아이가 알고자 하는 만큼 알려 주려는 노력이 필요하다. 아이 수준에 넘치는 내용을 전달할 필요는 없다. 사용하는 문장은 짧게 끊어서 이야기하고, 쉬운 용어로 풀어 설명하는 것이 아이의 이해력을 높이는 데 도움이 된다.

아이가 '왜?'라고 묻는 질문에 대해 부모가 인내심을 가지고 성의 있는 태도로 대화를 이끌어 간다면 답은 물론 스스로 문제를 해결하려고 하는 자율적인 모습도 발견할 수 있을 것이다.

난처한 질문을 한다고
대화의 문을 닫아서는 안 된다

"엄마, 할머니는 왜 돌아가셨어요?"

"왜 학교에 가야만 해요?"

"왜 병원에 가야 해요?"

"이사는 왜 가요?"

아이들에게는 세상이 호기심투성이다. 건강, 사랑, 학교 성적, 돈, 신, 죽음, 가치관, 친구 등에 관한 질문을 아이들이 해올 때 부모들은 이야기는 해 줘야겠는데 무슨 말을 어떻게 해야 할지 난처한 경우가 많다. 아이들에게 세상의 여러 가지 일들을 알기 쉽게 설명해 주려면 어떻게 해야 할까? 이럴 때 쉽고 효과적인 대화법에 대해 생각해 보자.

아이가 알아서 안 될 일은 없다

아이들은 모든 것에 대해 호기심이 많다. 다시 말하면 일상에서 접하게 되는 모든 일에 대해 흥미를 느낀다는 것이다.

때로 아이들은 어른들이 말하기 곤란한 내용에 대해서 호기심을 반짝이며 질문을 해 온다.

가끔 부모들은 어떤 문제에 있어서는 아이들이 듣고 싶어하지 않을 것이라고 착각하거나 들어도 도움이 안 될 것이라고 속단하는 경우가 있는데, 아이가 알아서 안 될 것이라곤 이 세상에 아무것도 없다. 다만 아이가 알고 싶어하는 내용을 어디까지 어떻게 이야기해 주느냐가 중요하다

아이들은 부모와 자녀 사이에 일어나는 모든 일에 관해 궁금해하므로 알 권리를 인정해 주어야 한다.

물어올 때 미루지 말고 대답해 준다

아이가 무언가 궁금하여 질문할 때 미루지 않고 대답해 주는 것이 가장 효과적이다. 만약 "다음에 이야기하자."라고 미룬다면 아이는 다시 묻지 않을 수도 있다. 왜냐하면 호기심이 사라졌거나 잊어버릴 수 있기 때문이다. 가능하면 물어올 때 대답해 주는 것이 좋다.

또 "아직은 몰라도 된다. 다음에 크면 알게 돼!"라는 말을 자주 들었던 아이는 '이런 문제는 이야기하면 안 되는구나.' 하고 단정해 버리므로 청소년기가 되어도 부모에게 쉽게 고민을 털어 놓기보다는 해답을 밖에서 찾으려 한다. 이런 아이들은 거절당할 것이라는 선입관 때문에 궁금하거나 걱정이 되는 것도 대화로 풀기보다는 쉽게 포기하려 한다. 또 부모가 이야기를 시작하려고 할 때도 아이 쪽에서 "몰라도 돼요." 하며 대화의 문을 닫아 버리게 된다.

그러므로 어렸을 때부터 궁금한 것에 대해 부모가 쉽게 대답해 주었던 아이들만이 청소년기에 부모와 대화하려고 할 것이다. 어릴 때 '~해라' '~

하면 안 된다.' '아직 몰라도 된다.' 식으로 대화하던 아이들은 수평적 부모 자녀 관계를 이루지 못하므로 부모에게 쉽게 접근하지 않으려고 하는 것은 당연하다.

부드러운 분위기에서 이야기하자

항상 자유스러운 분위기에서 이야기를 시작해야 한다. 많은 부모들은 아이들이 잘한 일을 이야기할 때는 비교적 너그럽고 화기애애한 분위기로 이끌어가지만, 잘못한 일이나 잘못 생각한 일을 이야기할 때는 꽤 딱딱한 분위기, 엄한 목소리와 굳은 표정으로 대하게 되는 경우가 많다. 따라서 아이들은 잘한 일만 의의양양하게 이야기하게 되고 잘못한 일은 꾸중이나 비난이 두려워 숨기거나 거짓말을 하는 경우도 있다.

중학교 1학년짜리 아들을 둔 30대 후반의 부부가 있었다. 이 부부는 그런대로 바르게 잘 살아가려고 노력하는 전형적인 중산층이었다.

이 부부의 아들은 초등학교에 다니는 동안에는 1등은 못 했어도 상위권에 속하는 성적을 유지하며 학교 생활에 적응하였고 엄마도 자주 담임 선생님을 찾아가 상의하곤 하는 부모였다.

> 어렸을 때부터 궁금한 것에 대해 부모가 쉽게 대답해 주었던 아이들만이 청소년기에 부모와 대화하려고 할 것이다.

이 부부는 외아들이라고 '오냐 오냐' 하고 기르면 버릇이 없어질까 봐 엄하게 길러야 되겠다는 생각을 평소 가지고 있었다. 그래서 아들이 실수를 했을 때는 엄하게 꾸중했으며 잘했을 때만 칭찬을 해 주었는데 칭찬은 거의 성적에 관한 것이었다.

중학교에 들어가자 아이는 갑자기 늘어난 과목을 소화하기가 벅찼다. 중간고사를 보고 나니 성적이 중간 이하로 뚝 떨어졌다. 아이는 부모의 실망과 꾸중이 두려워 성적표에 몰래 도장을 찍었다. 1학기말 고사를 치르고 방학식날 성적표를 받았으나 집에 내놓을 수가 없었다. 지난번 몰래 도장 찍은 것까지 두 배로 야단맞을 것만 같았기 때문이다.

부모가 자녀를 이해하고 있다는 것을 언어와 표정으로 표현해 주어야만 아이는 이해받고 있다고 느끼므로 숨김 없이 이야기를 계속할 수 있다.

학기말 고사에 좋은 성적을 받으면 지난번 실수가 용납될 것이라는 기대를 했었으나 기대가 어그러지자 더욱 난처해졌다. 방학식날 성적표를 들고 집에 와 보니 엄마 친구들까지 집에 모여 있었다.

"엄마, 나 전교에서 10등이래요. 우리반은 선생님이 바쁘셔서 성적표를 못 쓰셨다고 성적만 알려 주셨어요. 성적표는 방학중 예비 소집일에 나누어 주신대요."

아이는 이렇게 천연덕스럽게 거짓말을 했고 엄마 친구들은 모두 찬사를 보냈다. 이윽고 소집일이 되자 아이는 가출을 해 버리고 급기야 상담소를 찾게 되었다.

상담을 해 보니 아이에게는 역시 문제가 있었다. 초등학교 2학년 때 친구의 물건을 훔쳤다고 아빠에게 이야기하자 아빠가 외아들이라고 버릇없는 아이로 키울 수는 없다며 방문을 잠그고 혁대로 때렸다고 한다. 그 사건 이후로는 공부를 잘했다고 칭찬들을 때만 아들로 인정받은 것 같다는 생각을 하고 있었다.

상담한 내용을 이야기하자 부모는 공부는 잘한 것이니까 칭찬해 주었고 거짓말이나 도벽은 혼을 내서라도 고쳐 주어야 하는 것이니까 외아들티 안 나게 기르려고 엄하게 길렀는데, 자기들이 무엇을 잘못했냐고 분개했다. 아빠는 '우리 팔자에 자식 없는 것으로 하자.' 며 더 격분했다.

이 사례에서 보면 잘한 것은 칭찬받고 잘못한 것에 대해서는 대화가 되지 않고 벌만 받게 되니, 아이는 피할 수밖에 없고 피하려니 거짓말까지 하게 된 셈이다.

부모는 아이가 잘못한 일, 실수한 일, 해서는 안 되는 일을 했더라도 이를 부모에게 털어 놓아 상의하도록 키우는 것이 중요하다.

아이가 이야기할 때 절대 심판관이나 재판관이 되지 말아야 하며 아이와 함께 생각하여 잘못된 점을 스스로 깨달을 수 있도록 유도해야 한다. 아이의 행동에 관해 잘잘못을 가리기보다 이야기하는 자녀의 현재의 마음, 정서, 감정이 어떤 상태인지를 파악해 부모가 자녀를 이해하고 있다는 것을 언어와 표정으로 표현해 주어야만 아이는 이해받고 있다고 느끼므로 숨김 없이 이야기를 계속할 수 있다.

조언을 해 줄 땐 부드러운 분위기에서 아이가 이해를 잘 할 수 있도록 해야 하며 그래야만 아이의 마음 속에까지 닿을 수 있다.

이야기의 주제에서 크게 벗어나지 말아야 한다

아이가 질문을 하거나 의견을 이야기할 때 잘 듣고 있다는 반응을 보여 주어야 한다.

잘 듣고 있다는 표현으로 눈을 쳐다보거나, 고개를 끄덕이거나 "응, 그래.""그래서?" 등으로 이야기를 계속하게 유도해야 하며 아이가 틀린 이야기를 하더라도 즉시 말을 자르지 말고 "만약 ~ 이라면 어떨까?" 하고 돌려서 문제만 제기하여 아이가 미처 생각지 못했던 것을 생각할 수 있는 기회를 주어야 한다. 그래야만 아이의 사고력이 향상되며 부모가 단정적으로 답만 들려주면 아이는 수동적이 되거나 생각하는 것 자체를 포기하려 할지도 모른다.

아이의 말을 열심히 들으면서 답을 이끌어 내는 방법으로 아이를 존중해 주는 태도를 몸에 익히자.

"그렇게 생각할 수도 있었구나, 만약 ~ 하게 되면 어떨까?" 하고 다른 방향으로 추론할 수 있는 기회를 주면 아이는 사고의 폭을 넓히면서 부모가 의도한 생각을 받아들여 결론을 혼자서 내릴 수 있게 되므로 효과적이다.

부모의 충고를 따르지 않는다고 화를 내선 안 된다

만약 아이가 고의건 아니건 간에 충고를 따르지 않았다고 화를 내게 되면 다음부터는 충고를 더 들으려 하지 않고 자기가 하는 행동을 정당화하려고 할 것이다. 아이가 조언을 따르지 않으면 자신이 손해를 보게 되는 것을 자연적으로 알게 되므로 그냥 실수하게 두어야 한다. 아이는 실수를 경험하여 똑같은 실수를 피하는 방법을 터득해 가는 것이다.

그러므로 어렸을 때의 실수가 값진 경험이 된다. 그러나 실수했을 때 부모가 어떻게 대처하는가에 따라 그 실수는 성공의 디딤돌이 되기도 하고 그 반대가 되기도 한다. 실수를 하더라도 부모가 아이를 충분히 이해하고, 공감해 주면 어떤 문제에 부딪히더라도 항상 부모와 의논하려 할 것이다.

자녀와 대화를 원하는 부모라면 마음을 열고 부드럽게 접근하는 일을 지금부터 시작해 보자.

아이의 말을 열심히 들으면서 답을 이끌어 내는 방법으로 아이를 존중해 주는 태도를 몸에 익히자.

특기교육, 이렇게 시켜라

타고난 우수한 분야를 계발, 신장시키도록 하라

요즘 아이들은 바쁘다. 길에서 마주치는 아이들이 피아노, 미술, 독서 논술 등의 학원 이름이 인쇄된 가방을 들고 있는 것을 흔히 볼 수 있다.

초등학교에 다니는 아이는 물론이고 조기 교육이라는 이름으로 유아들도 피아노, 바이올린 등 각종 악기 연주, 미술, 발레, 바둑, 스케이트, 속셈, 컴퓨터, 수영, 영어 등 이루 헤아릴 수 없을 만큼 많은 특기 지도에 시달린다고 해도 지나친 말이 아니다.

요즘 부모들은 예체능보다 공부가 우선인 것처럼 강요받고 살았지만 그들이 어른이 되어 보니 특히 엄마의 처지에서 보면 열심히 공부했던 자신보다 성적이 뒤떨어져 대학 가기 위해 뒤늦게 예체능계로 전환했던 친구들이 주부가 되어서도 자기 전공을 계속 살리고 취업에도 유리한 것을 보고 특히 여자아이에게는 예체능계의 특기를 살려 주겠다고 발벗고 나서는 엄마들이 많은 것 같다.

특기교육이라는 것은 글자 그대로 특기를 살려 주는 교육이다. 즉 다른 사람과 다른 특별한 기능을 갖게 하는 것이며, 어느 분야의 타고난 능력을 교육으로 계발하고 신장시키는 것이다.

내 아이가 남보다 그림을 잘 그리게, 피아노를 잘 치게, 운동을 더 잘하게 지도하는 것은 중요하지만 대부분의 부모들은 어느 한 가지만 장려하기보다는 모든 분야에서 우수하기를 원하는 허황된 기대 때문에 아이들만 고통을 받게 되는 것 같다.

특기교육의 목표는 아이가 성숙한 인간으로 성장하여 인류에 봉사할 수 있도록 가장 잘 할 수 있는 분야의 능력을 집중적으로 키우는 것이지, 인간성은 나빠도 어떤 분야의 한 가지 능력만 있는 기술자를 만드는 것은 아니라는 것을 명심해야 한다.

그러므로 특기교육은 예체능계의 능력을 키우는 것뿐만 아니라 아이가 갖고 있는 능력을 키우는 것이면 어느 분야라도 이에 해당된다. 남들과 어울려 놀 때 뛰어난 지도력을 보이는 아이라면 지도력이 이 아이의 특기일 것이며, 매일 혼자서 놀지만 탐구력이나 관찰력이 뛰어난 아이라면 이것이 특기이고, 항상 남을 잘 웃기고 즐겁게 하는 재주가 있는 아이라면 이것이 특기이므로 우리가 살아가는 데 필요한 모든 능력들이 다 특기가 될 수 있다고 보아야 할 것이다.

비싸고 좋은 악기를 가졌다고 연주를 잘하는 것이 아니듯이 특기교육은 물질적으로 풍요한 환경이라고 좋은 교육이 되는 것이 아니다. 또 연주를 잘하는 훌륭한 음악가라 하여 음악을 잘 가르치는 것도 아니다.

그러므로 교사가 얼마나 유능한 사람인가, 그의 업적이 어떠한가보다는 교사의 자질이 교육자로서 얼마나 훌륭한가가 중요하며 아이가 선생님과 얼마나 신뢰감 있는 관계를 맺고 있는가가 교육의 질로 평가되는 것이다.

훌륭한 교사만이 아이의 의욕을 북돋워 주고, 좌절했을 때 격려해 줄 수 있어 아이가 포기하지 않고 능력을 키워 나가게 하기 때문이다. 즉 교사는 아이의 본보기가 될 수 있고 아이를 이해해 주는 지지자여야 하며 아이를 정확히 평가하고 목표를 세워 줄 수 있는 사람이어야 할 것이다.

특기교육의 최초의 교사는 역시 부모가 될 것이다. 부모가 아이의 능력에 대해 어떻게 반응해 주느냐에 따라 아이는 하고 싶어하기도 할 것이고 포기하기도 할 것이다.

그러므로 부모는 아이의 능력에 대해 다른 사람과 비교해서 평가하는 상대적 평가를 할 것이 아니라 아이의 능력 자체가 얼마나 향상되었느냐에 따라 평가하여야 할 것이다. 즉 지난해보다 나아졌으면 향상된 것이지 "○○는 벌써 ~을 하는데……." 하는 등 또래의 친구보다 잘하는지 못하는지로 아이를 평가하면 안 된다.

특기교육의 최초의 교사는 역시 부모가 될 것이다. 부모가 아이의 능력에 대해 어떻게 반응해 주느냐에 따라 아이는 하고 싶어하기도 할 것이고 포기하기도 할 것이다.

아이는 부모가 어떻게 반응하느냐에 따라 특기로 만들어 갈 수도 있고 아예 관심이 없어질 수도 있기 때문에 부모는 아이가 전보다 조금이라도 진전이 보이면 반드시 격려해 주어야 한다.

특별한 경우가 아니라면 교사를 자주 바꾸어 아이가 교사를 신뢰하지 못하게 하거나, 교사가 아이를 장기적으로 체계적으로 분석하지 못하게 하는 것은 큰 시간 낭비이다.

특기교육을 시작할 때는 우선 교사의 자질을 살펴보고, 이 교사가 장기적으로 우리 아이를 맡아 줄 수 있는지를 알아보고 맡기는 것이 좋다.

방학 동안 놀면 마치 큰 일이라도 나는 듯이 여러 가지 특기교육을 시켜보려고 시작했다가 또 쉽게 포기하게 하는 부모들을 많이 볼 수 있다. 어떤 일이든 시작과 끝은 똑같이 중요하므로 시작을 신중히 하여 중도에 포기하는 일이 없도록 해야 하겠다.

특기교육은 언제부터 시작해야 할까?

특기교육을 시작하는 절대적인 시기가 정해져 있는 것은 아니다. 아이의 능력이나 여건에 맞추어 시작하는 것이 중요한 것이다.

음악가의 집안에서 태어나 음악 속에서 살던 아이가 특히 음악에 관심을 보인다면 일찍부터 시작할 수 있다. 그러나 아이가 전혀 음악과 접해 보지 않았는데 엄마가 아이의 흥미와 관계없이 피아노나 바이올린 등을 가르치고 싶어 시작하겠다면 적어도 아이가 악보를 이해할 수 있을 때 시작해야 효과가 있을 것이다. 악기를 연주할 수 있는 신체적 정신적 능력이 갖추어져 있고 아이가 흥미를 느낄 때 시작해야, 또한 아이가 흥미를 느낄 수 있게 먼저 자극을 주어야 효과가 클 것이다.

> 부모는 아이의 능력에 대해 다른 사람과 비교해서 평가하는 상대적 평가를 할 것이 아니라 아이의 능력 자체가 얼마나 향상되었느냐에 따라 평가하여야 할 것이다.

무엇이든 자기가 좋아서 해야 즐겁고 효과도 크다. 하기 싫은 일을 시킨다는 것은 부모 자녀의 관계만 악화시키는 결과가 될 수 있으므로 특기 교육은 준비 기간을 반드시 거친 후 시작하는 것이 바람직하다.

우리나라의 어떤 부인이 남편의 해외 근무로 프랑스에서 몇 년 간 살게 되어 파리의 유명하다는 피아노 학원에 6살짜리 딸을 보냈다. 이곳에서는 아이에게 일 년 동안 놀이만 시켰는데, 물컵을 몇 개 늘어놓고 젓가락으로 두드려 보기, 장난감 흔들어 보기 등만 시키고 피아노 앞에는 앉혀 주지도 않아 돈만 낭비하고 돌아왔다는 이야기를 들은 적이 있다.

전문가의 시각으로 보면 이 학원은 음악을 제대로 가르치는 곳이라고 생각된다. 왜냐하면 피아노교육은 음악교육이며, 음악교육은 먼저 아이가 음에 대해 이해를 해야만 하므로 일 년 동안 청음을 중심으로 한 기초교육을 시키는 것이, 몇 년 동안 피아노만 치도록 가르치는 것보다 훨씬 효과적일 것이다.

누구는 몇 달 동안에 '바이엘 교본'을 끝냈는지, 누구는 몇 달만에 '체르니'를 시작했는지가 중요한 것이 아니라 아이가 음에 대해 얼마나 이해할 수 있느냐가 더 중요한 것이며, 이 능력이 형성되면 그 후의 발전 속도는 매우 빠르다는 것을 알 수 있을 것이다.

위에서 말한 그 아이도 한국에 돌아온 후 한국인이 경영하는 학원에 보냈는데 진도가 매우 빠르게 나갔다고 한다. 즉 파리의 1년 준비 과정의 효력이 나타났기 때문일 것이다.

음악교육을 시키고자 하면 집에서 음악을 많이 들려 주어 청음력을 길러 주는 것이 우선 할 일이다. 피아노를 가르치려면 피아노곡을 많이 들려 주고 바이올린을 가르치려면 바이올린곡을 많이 들려 주어 해당 악기의 청음이 정확하게 되도록 훈련시키는 것이 좋다.

아이의 청음력 교육은 만 6살 전에 시작하여야 하므로 듣는 연습은 유아기 때부터 시작하여야 효과가 클 것이다.

미술교육은 아이가 자신의 생각이나 느낌을 자발적으로 표현하고자 하는 욕구가 우선되어야 가능하다. 어려서부터 그릴 종이와 도구를 준비해 주어 그리고 싶을 때는 자기 마음대로 그리게 해주고 아이가 그린 그림은 아이만의 독특한 의미를 갖고 있으므로 동그라미 하나를 그리고 "이건 아빠" "이건 자동차" "이건 로켓" 하더라도 잘 들어 주어 표현하고자 하는 욕구를 북돋워 주어야 한다. "이것은 틀렸다. 잘못 그렸어." "이게 무슨 사람이니?"처럼 비평하는 일은 아이의 표현 욕구를 감소시키는 결과가 되므로 주의하여야 한다.

무엇이든 자기가 좋아서 해야 즐겁고 효과도 크지, 하기 싫은 일을 시킨다는 것은 부모 자녀의 관계만 악화시키는 결과가 될 수 있으므로 특기 교육은 준비 기간을 반드시 거친 후 시작하는 것이 바람직하다.

또 너무 어린아이에게 보고 그리게 하는 것은 아이의 창의력을 말살하는 행위이므로 아이만의 독특한 표현을 하도록 격려해 주어야 하며, 어른이 볼 때 의미가 없어 보여도 "이건 뭐니?" "아주 재미있구나." 등으로 격려해 주면 아이는 더 그리고 싶어할 것이다.

어떤 의학계 보고에 따르면 6살 이전의 아이가 연필로 글씨를 무리하게 쓰면 아이의 손목 힘줄을 다치게 되므로 피해야 한다고 한다. 즉 아이의 근육이나 신경조직과 관련된 운동은 아이의 신체 발달을 고려하여 그 시기를 정해야지 무리하게 일찍 시작하여 오히려 역효과를 내게 해서는 안 된다.

아이에게 맞는 특수교육을 선택하려면

세월이 흐를수록 직업의 종류는 셀 수 없이 다양해지고 있고 특기교육 또한 종류가 점점 다양해지고 있다. 그렇다고 이렇게 다양한 교육을 다 시켜 볼 수는 없을 것이며, 무엇을 시작해야 좋을지 몰라 이것저것 시작만 하다 포기하는 경우도 있을 것이다.

우선 아이가 정적인 아이인지 동적인 아이인지를 부모가 판단하여 아이에게 맞게 선택해야 한다. 즉 아이의 성격이 어떠냐에 따라 특기교육의 종류를 정하고, 그 다음 아이가 흥미를 갖고 있는지 살펴본 뒤 현재 여건에서 그 특기를 키워 줄 수 있는지를 헤아려 쉽게 배울 수 있는 것부터 시작하여야 한다.

> 특기교육도 성숙한 인간이 되도록 도 와 주는 교육 과정이라는 것을 잊지 말고 특히 본인이 즐기며 할 수 있도 록 아이의 흥미와 능력과 특성에 맞 는 것부터 시작해 보자.

아이가 쉽게 배울 수 있고 좋아한다면 큰 무리가 없는 한 시작할 수 있으며, 일단 시작하면 일정 기간 동안 계속하겠다는 각오가 있어야 할 것이다.

처음에는 쉽게 하겠다고 찬성해 놓고도 조금만 힘들면 중단하겠다고 하는 것이 아이들이다. 그러므로 슬럼프에 빠질 때는 예상 진도를 반으로 줄이거나 교육 시간을 반으로 줄여 아이가 이겨내도록 도와 주어야 할 것이며 정 힘들어하면 일정 기간 쉬게 하는 것이 바람직하다. 처음 한 달을 쉬어 보면 그 때문에 훨씬 퇴보한 것을 스스로 경험하게 되어 그 다음에는 힘들다고 느끼더라도 쉽게 포기하지 않고 지속하는 것을 볼 수 있다.

특기교육도 성숙한 인간이 되도록 도와 주는 교육 과정이라는 것을 잊지 말고 특히 본인이 즐기며 할 수 있도록 아이의 흥미와 능력과 특성에 맞는 것부터 시작해 보자.

상담원 레터-둘

- 성취 경험을 통해 자신감을 길러 주세요. 그것이 적극적인 아이로 만드는 지름길입니다.

- 부모의 끊임없는 격려가 긍정적인 자아를 가진 아이로 자라게 합니다.

- 부모의 사랑을 받고 있다고 확신하는 아이는 친구도 잘 사귀지요.

- 아이가 자신의 생각과 느낌을 이야기할 때 적극적으로 들어 주세요. 그래야 자신의 소중함을 인식하게 된답니다.

- 별은 부모 자녀관계를 해치지만 격려는 존중받는다는 느낌을 통해 아이에게 부모에 대한 신뢰와 사랑을 키워 줍니다.

- 생명의 존엄성이 성교육의 핵심임을 기억하세요.

- 한 자녀를 키울 때는 아이에게 다른 아이들과 어울릴 기회를 최대한 많이 주세요. 그런 다음 한 발 떨어져 아이를 바라보세요. 또 연년생은 쌍둥이처럼, 쌍둥이는 쌍둥이라는 사실을 잊어버리고 키우는 자세가 필요하답니다.

- 철저한 용돈 관리 지도는 경제교육의 시작입니다.

- 난처한 질문에는 자연스럽고 솔직한 대답이 정답이에요.

- 특기교육은 적성보다 흥미가 먼저이지요.

3

신철희 편

제1장 부모의 자세

제2장 아이들은 자란다

제2장 이런 아이는 이렇게 2

"좋은 부부 관계는 자녀 교육에 있어 핵심입니다. 또 친구 관계는 사회성 발달뿐 아니라 다른 발달에까지도 영향을 미치므로 부모가 관심을 갖고 잘 살펴야 할것입니다."

착한 아이, 무조건 좋은 것만은 아니다

일곱 살 승훈이는 유치원에서 유난히 한 아이한테 괴롭힘을 당했다.

다른 아이들로부터도 마찬가지였다. 승훈이는 맞아도 대응도 못하고 그냥 울기만 했다.

승훈이는 과잉보호를 하는 엄마 밑에서 자랐다

동네 아이들과 어울릴 기회도 없이 동생하고만 집에서 지냈다.

더욱이 성격이 순해서 집에서 동생한테도 당하는 편이라

거친 또래 아이와 부딪쳤을때 대처 기술이 부족하였다.

유치원에 다니는 다섯 살 다예는
친구들이 자기와 놀아 주지 않는다고
속상해한다.

그런데 어느 날부터인가
생일선물로 받은 인형이
보이지 않았다.

다예야! 인형
어디 있니?

...... 친구
줬어.

인형 안 빌려 주면
안 놀아 준다고

해서.........

화가 난 엄마는 다시
인형을 빼앗아 주었다.

하지만 다예는 그 친구가 다시는
안 놀아 줄까 봐 절절 맸다.

친구가 안 놀아 주면 어쩌지

이처럼 친구들에게 맞고 당하면서도

맞대응을 못하는 아이들이 있다.

또 친구들이 하자는 대로 다 따라하고

동생이 집적거려도 다 받아 주는 아이들이 있다.

이런 아이들을 어른들은 "참 무던하고 착하다"고 칭찬을 한다.

이런 착한아이들은 사실 싸우는 일이 별로 없다. 휘두르는대로 다 받아 주기 때문이다.

그러나 한번 화를 내면
무섭게 낸다.

이런 아이들은 얼굴에 표정이
잘 나타나지 않는다.

무 표 정 ……

늘 찌푸린 얼굴이다.

또 매사에
의욕이 없다.

맘대로
하세요.

하지만 샘이 많고
경쟁에서 이기려는
욕심이 많다.

부모는 아이를 보고 도대체
종잡을 수 없다고 말한다.
착한 것 같으면서도 동생을 심하게
때리거나 신경질을 내는 것으로
보아 공격적인 아이같기도 하고
부모가 시키는 것을 고분고분하게
하기 때문이다.

이런 아이를 '수동공격적인
아이'라고 부른다.

수동공격적인 아이

공격의 방향이 외부로 표출되는 것이 아니라

크~응   크~응

자기 내부로 향해져 한꺼번에 폭발되듯이 나온다.

수동공격적인 아이가 된 원인은 무엇일까? 첫째로 문화적인 요인이 있다. 생각이나 감정을 드러내기보다 숨기는 것을 미덕으로 받아들인다.

넌 남자니까 아프다고 울면 안 돼.

둘째로 부모, 특히 엄마의 태도를 모방한다. 꾹 참았다가 폭발하듯이 감정을 표출하거나 짜증을 내는경우 이를 보고 배우는 것이다.

셋째로 양육방식의 잘못이다. 일관성 없는 태도나 형제간 경쟁심을 부추기는 태도를 취할 때 아이는 적개심을 갖는다.

아이가 필요로 하는것은 부모로부터 인정받는 것이다.

잘 했어

그러므로 부모 자신의 태도 및 양육 방식을 한번 점검해 보아야 한다.

음

아이들이 나타내는 바람직하지 못한 행동에는 반드시 그럴 만한 이유가 있다.
그리고 그 이유의 대부분은 부모에게 원인이 있다. 문제 해결의 열쇠는
부모가 쥐고 있는 만큼 부모 쪽에서 먼저 악순환의 고리를 끊도록 애써야 한다.
부모가 달라지는 만큼 아이도 달라져 간다는 것을 명심하자.

제1장 **부모의 자세**

엄마 성격에 따라 아이에게 미치는 영향도 다르다

혼히 우리는 한 개인의 심리적 특징이나 사람 됨됨이를 말할 때 '성격'이란 단어를 많이 쓴다. '성격이 까다롭다' '성격이 유하다' '성격이 괴팍하다' 등등, 사람들은 인간이 지닌 많은 특성 가운데서도 이 성격을 가장 중요하게 여긴다.

이러한 성격은 유전과 환경의 상호작용으로 형성되고 발달한다. 학자들은 지능보다 성격이 환경의 영향을 더 많이 받으며, 특히 어렸을 때 가정에서의 경험은 성격 형성의 바탕이 된다고 말한다. 정신분석학자들도 0살에서 6살까지 어떤 환경 조건에서 어떻게 성장했느냐가 성격 형성에 가장 핵심이 되고 영향력이 크다고 보고 있다.

예부터 우리 조상들은 태교를 중요시해 왔는데, 이는 이미 뱃속에 있을 때부터 아이가 엄마의 영향을 받고 있음을 인정한 것이라고 보인다. 엄마의 영양 조건, 감정 상태, 활동 정도 등 신체적, 정신적 상태는 태아에게 중요한 환경으로 영향을 미치고 있다.

임신 시기뿐 아니라 출산 이후에 아이에게 주어지는 가정의 물리적인 조건, 경제적 척도, 형제 자매의 유무, 출생 순위 등등의 가정 환경이 아이의 성격 형성에 영향을 미치게 되는데, 이중에서도 부모의 성격이 가장 중요하다.

요즈음은 일하는 여성이 늘고 있는 추세이나 아직은 엄마가 가정에서 주양육자인 경우가 많다. 또 핵가족화로 엄마의 역할 비중이 더욱 높아졌다. 부모 중에서도 엄마가 거의 모든 시간을 자녀와 보내게 되므로 엄마의 성격이 아이에게 미치는 영향이 더 크다고 볼 수 있다.

정신분석학자들도 0살에서 6살까지 어떤 환경 조건에서 어떻게 성장했느냐가 성격 형성에 가장 핵심이 되고 영향력이 크다고 보고 있다.

엄마의 성격에 따라 아이가 어떤 영향을 받고 어떤 행동을 하며, 바람직한 방향으로 나가려면 어떻게 해야 되는지를 살펴보기로 하자.

신경질적인 엄마

아이를 키우다 보면 힘도 들고 또 아이가 커가면서 엄마 마음대로 따라 주지를 않으므로 짜증이 많이 나게 된다. 그런데 유난히 아이에게 짜증을 많이 부리고 신경질을 내는 엄마들이 있다.

대체로 이런 성격의 엄마들은 감정이 매우 섬세하고 예민하여 늘 불안정하다. 그리고 주변 상황에 영향을 많이 받기 때문에 몸이 안 좋거나 부부 관계가 나쁘거나 아니면 안 좋은 일을 겪을 때면 더욱 그 스트레스가 아이에게 그대로 전달된다.

그러나 항상 아이에게 나쁘게만 대하는 것은 아니다. 감정이 예민하므로 기분이 좋을 때는 매우 자상하고 친절한 엄마가 된다. 그리고 희생적이어서 오히려 과잉보호라고 할 수 있을 정도로 배려를 한다.

문제는 지나침에 있다. 때로는 지나치게 자상하고 때로는 지나치게 냉정하게 아이를 대하는 등 감정을 제대로 통제하지 못한다. 같은 상황에 대해서도 엄마 기분에 따라 그냥 통과되기도 하고 또 어느 때는 숨도 못 쉬게 닦달을 하기도 하는 등 대체로 일관성이 없다.

이런 경우 아이는 엄마에 대해 이중적인 감정을 지니게 된다. 즉 엄마를 유달리 찾고 지나치게 엄마에게 밀착되어 떨어지질 못하는 반면, 엄마 말을 안 듣고 반사회적인 행동을 한다. 또 형제가 있는 경우에는 형제 사이에 경쟁심이 아주 심하다.

감정의 기복이 크지 않도록 감정 조절을 잘하는 것이 가장 핵심이다. 또 엄마 마음대로 아이를 휘두르지 말아야 한다.

이는 엄마도 마찬가지이다. 자기만을 좋아하는 아이가 예뻐 더욱 애정을 표현하면서도, 어느 때는 자기 뜻대로 안 되니까 미워하는 이중적 태도를 보이게 된다.

신경질적인 엄마는 우선 자녀보다 엄마 자신을 잘 돌보도록 해야 한다. 생활 속에서 엄마가 편안하고 즐겁도록 자신을 스스로 가꾸는 일이 중요하다. 그리고 아이에게 지나치게 친절하거나 배려를 하는 일도 줄이도록 하고, 화가 났을 때 극단적인 말을 퍼부으면서 신경질 부리는 행동을 자제해야 한다.

가급적이면 감정의 기복이 크지 않도록 감정 조절을 잘하는 것이 가장 핵심이다. 또 엄마 마음대로 아이를 휘두르지 말아야 한다. 엄마가 기분 좋을 때만 아이를 예뻐하고, 아이가 엄마를 필요로 할 때는 엄마 자신의 기분에 따라 응하는 태도를 자제해야 한다.

지적이고 따지는 엄마

이런 성격의 엄마는 매사에 설명을 지나치게 많이 한다. 또 그냥 설렁설렁 넘어가는 일이 없다. 어떤 일이든 합리적이고 타협적으로 해결하려고 하므로 덜 감정적인 것처럼 보인다.

그러나 자그마한 잘못도 장황한 훈계와 설명을 하게 되므로 아이는 엄마를 잔소리꾼으로 여겨 귀찮아하거나 아니면 아예 귀를 막고 안 들으려 할 수도 있다. 그래서 아이와 싸우게 된다.

이런 경우에는 우선 장황한 설명을 줄이는 것이 가장 좋다. 그리고 대수롭지 않은 일은 대충 넘어가 주는 것도 한 방법이 된다.

너무 깔끔한 엄마

주부가 집 안을 늘 깔끔하게 정리정돈을 잘하면서 살 때 아이는 자연히 엄마의 모습을 본받아 깔끔한 아이가 된다. 그러나 이도 지나치게 깔끔해서 어질러진 모습을 못 참는 정도가 되면, 엄마와 아이 모두에게 스트레스가 될 수밖에 없다. 아이들이 놀 때는 주위를 복잡하게 흐트러뜨릴 수밖에 없으므로 다 놀고 나서 정리하는 것을 배우게 해야 하는데, 조금도 흐트러진 모습을 참지 못하고 아이가 애써 정리해 놓은 것도 못마땅해 잔소리를 하고 신경질을 내며, 심지어는 아예 장난감을 치워 버리는 경우까지도 생긴다.

자기 집 아이가 늘어놓는 것도 싫은데 남의 집 아이들이 놀러와 집안을 엉망진창으로 해놓는 것은 더욱 못 참는다. 그래서 남의 집 아이를 집 안에 들여놓지 않기도 한다. 또 아이들이 밖에서 놀면 더러워지게 마련인데도 모래놀이나 흙장난 등을 못하게 하고 심지어는 아예 밖으로 안 내보내는 경우까지 생긴다.

이런 엄마에게는 '깨끗이' '더러워'란 단어가 늘 붙어다녀, 아이가 편안한 성격이 될 수가 없다.

우선은 아이를 이해하고 웬만큼 지저분한 것은 참도록 해야 한다. 아이 키우는 집이 그림에 나오는 집같이 늘상 정돈되고 깨끗할 수는 없다. 아이들은 마음껏 놀 때 가장 즐거워하며 그렇게 커야 잘 큰다.

집 안이 늘 깨끗하고 정리정돈이 되어 있으려면 잠시도 앉아 있을 새가 없이 움직여야 한다. 그러다 보면 힘들고 지쳐 정작 아이를 위해 써야 할 에너지를 집안 치우는 데 다 써 버리게 되는 불균형한 양상이 된다.

> 아이를 이해하고 웬만큼 지저분한 것은 참도록 해야 한다. 아이들은 마음껏 놀 때 가장 즐거워하며 그렇게 커야 잘 큰다.

방 하나는 놀이방으로 정해 거기서만 마음껏 놀게 한다든지, 치우는 횟수를 줄여 애들이 다 놀고 난 후에 한꺼번에 정리한다든지, 밖에 나가서 놀 때 입는 옷을 정해놓고 마음껏 놀 수 있게 해 주는 등의 합리적인 방안을 찾아보도록 해야 한다.

냉정한 엄마

사람에 대해 정이 없는 차가운 사람이 있다. 이런 사람은 자기 자녀에 대해서도 냉정할 수 있다. 특히 자녀를 원하지 않았는데 낳게 되었다든지, 자녀 때문에 자기가 하고 싶은 일을 못 한다든지, 부부 사이가 안 좋은 경우에는 아이를 거부하게 된다.

엄마는 모든 인간 관계의 바탕이 된다. 엄마가 아이를 거부할 경우 아이 성격에 큰 결함이 생기게 된다. 아이는 자신의 존재 가치를 인정받지 못하므로 자학적이며 자신감이 없고, 열등감에 싸이게 된다. 또 타인에게 배타적이라 다른 사람과 관계를 맺어 가는 데 어려움을 겪게 된다.

그뿐만 아니라 주위에서 일어나는 일이나 주위 사람들에게 무관심하고 냉담하며 다른 사람들에 비해 우울하거나 정서적으로 불안정하다. 어떤 연구에서는 아이를 거부하는 엄마의 태도가 범죄 행동에 중요하게 작용하고 있다고 보고되고 있다.

자녀를 거부하는 엄마의 행동에는 아주 뿌리깊은 원인들이 있을 것이다. 힘들겠지만 이런 경우에는 왜 자신이 자녀를 거부하는지 그 이유를 찾는 일부터 시작해야 한다. 혼자서는 어렵다면 전문가의 도움을 받는 것이 좋다. 그리고 겉으로 나타나는 거부하는 행동을 줄이도록 애를 써서 아이에게 조금이라도 해가 덜 가게 해야 할 것이다.

> 엄마가 아이를 거부할 경우 아이 성격에 큰 결함이 생기게 된다.

성질이 급한 엄마

성질이 급한 엄마는 아이가 뭘 잘못하면 우선 소리를 지르고 손이 먼저 올라간다. 아이의 말을 차분히 듣지도 못하고 차근차근 설명도 못한다. 대충 듣고 벌컥 화를 내며 감정을 터뜨린다. 이런 엄마는 자신의 성격 때문에 별 것도 아닌 일을 크게 확대하여 문젯거리로 만들거나 다른 사람과도 자주 싸움을 벌인다.

성질이 급한 엄마는 어떤 상황에 부딪쳤을 때 우선 숨을 크게 쉬고 하나, 둘, 셋 하며 감정이 폭발하지 않도록 조절을 해야 한다.

이런 엄마의 자녀는 위축되거나 아주 폭력적이고 반사회적인 아이가 된다. 큰아이가 작은 아이를 다루는 것을 보면 꼭 자기가 부모에게서 물려 받은 그대로 재연하는 모습을 보인다.

성질이 급한 엄마는 어떤 상황에 부딪쳤을 때 우선 숨을 크게 쉬고 하나, 둘, 셋 하며 감정이 폭발하지 않도록 조절을 해야 한다. 일단 한 고비만 넘기면 되는데 그게 어렵기 때문에 문제가 생기는 것이다. 아이들의 말을 언제나 끝까지 다 듣는 습관을 반드시 들여야 한다.

이기적인 엄마

옛날 영화나 드라마에 보면 엄마는 희생 그 자체이다. 자식과 남편을 위하여 존재할 뿐, 자기라는 존재는 아예 없는 희생적인 모습이 전형적인 어머니상으로 표현되고 있다. 모성애를 본능이라고 말하기도 하듯이 엄마가 자식에게 베푸는 사랑과 희생은 당연한 것으로 여기고 있다.

그러나 모든 엄마가 그런 것은 아니다. 엄마가 될 준비가 안 된 자기중심적이고 유아적인 성향의 엄마들도 많이 있다. 자식을 예뻐하고 사랑하기는 하나 모든 것을 자기중심적으로 표현하기 때문에 아이가 엄마 마음에 들면 예뻐하고, 미운 짓을 하면 미워한다.

또 어떤 때는 자기 자식만을 끔찍이 위하면서도 자기 자식 이외의 다른 아이들은 거들떠보지 않기도 한다. 엄마 자신의 명예와 편익을 위해 자식보다는 자신에게 유리한 선택을 하기도 한다.

자신이 이기적이라는 것을 알고 있어도 선뜻 이타적인 행동으로 바꾸지는 않는다. 결국은 이기적인 삶이 자신에게 큰 손실을 가져다 준다는 이치를 깨달아 자기 스스로 성격을 바꾸도록 애쓰는 길 밖에는 없다고 본다.

느긋하고 우유부단한 엄마

느긋하다는 것은 여유가 있다는 뜻이므로 이런 성격의 엄마라면 엄마나 아이 모두가 편하게 지낸다. 감정이 격하지도 않고 또 기복이 크지도 않아서 아이는 대체로 순하게 잘 큰다.

그러나 느긋함이 지나쳐 게으르고 어떤 결정이든 분명히 못 하며 우유부단하게 일 처리를 하는 쪽으로 흐르기 쉽다. 이런 성격의 부모는 자녀가 장애를 가진 경우 조기에 장애를 발견하지 못하여 치료하는 기회를 놓쳐 심각한 문제를 만들 소지가 많다. 또 매사를 분명하게

> 느긋함이 지나쳐 게으르고 어떤 결정이든 분명히 못하며 우유부단하게 일 처리를 하는 쪽으로 흐르기 쉽다.

처리하지 못하여 자녀에게도 신용을 잃을 뿐 아니라, 자녀까지도 그런 성격을 그대로 본받게 된다. 세상에 급한 게 없으므로 자신을 객관적으로 살피고 잘못을 고치려고 해도 잘 되지 않을 수도 있다.

이상으로 엄마의 성격에 따른 자녀의 행동과 이를 보완하는 방법들을 살펴보았다. 그러나 성격이라는 커다란 범주를 다 포괄하기는 매우 어려운 일이라서 대략적으로 많이 나타나는 성격만을 언급했다. 또 경우에 따라서는 한 개인이 여러 가지 성격 특성을 복합적으로 가질 수도 있다.

부모는 아이의 끊임없는 욕구에 대해 지속적인 주의와 무한한 인내, 존중하는 마음을 가지고 따뜻하고 섬세하게 살펴야 한다. 아무리 사소한 일이라도 아이를 돌보는 데에는 에너지와 자제력이 요구된다.

자녀를 위해 엄마가 고쳐야 할 것들에 대해서도 실제로 실천하기는 쉽지 않을 것이다. 왜냐하면 아이의 성격 형성과 발달이 이미 어렸을 때 이루어진다고 보았듯이 엄마의 성격도 마찬가지로 이미 어렸을 때 형성되었기 때문이다. 따라서 성격을 바꾼다고 하는 것은 참으로 어렵고 큰일이 아닐 수 없다. 더욱이 수십 년 동안 굳어져 있던 것이니 말이다.

임신하는 순간부터 부모가 자녀를 위해 감당해야 하는 모든 일들은 간단하지가 않다. 자녀 양육을 육아백과에 나오는 것 같이 그렇게 간단하게 진술할 수 없으며, 일정한 방식이 있는 것도 아니다.

아이들은 끊임없이 변한다. 그러므로 부모는 아이의 끊임없는 욕구에 대해 지속적인 주의와 무한한 인내, 존중하는 마음을 가지고 따뜻하고 섬세하게 살펴야 한다. 아무리 사소한 일이라도 아이를 돌보는 데에는 에너지와 자제력이 요구된다.

양육은 지식으로 하는 것이 아니라 감정으로 하는 것이다. 그러므로 엄마의 성격이 어떻든 간에 공통적으로 가장 중요한 것은 엄마의 감정이다. 엄마가 안정감 있고 감정을 잘 통제를 할 수 있으며 아이를 진정으로 사랑한다면 아이는 잘 크게 될 것이다.

엄마가 안정감 있고 감정을 잘 통제를 할 수 있으며 아이를 진정으로 사랑한다면 아이는 잘 크게 될 것이다.

엄마가 어떤 성격 특성을 지니게 된 것은 그럴 수밖에 없었던 뿌리 깊은 이유가 있다. 성자가 아닌 다음에는 우리는 모두 미완성 인간으로 성격적인 결함이 있고, 이것이 왜곡되어 자녀와 갈등이 생기게 되는 것은 당연한 일이다. 다만, 자신의 성격이나 자신이 처한 힘든 상황들을 운명이나 팔자 탓으로 돌리지 않고 개선하려고 노력하는 것이 인간으로, 또 부모의 자세로 커다란 의미가 있지 않을까 싶다.

좋은 아빠가 되려면 이렇게 하라

요즘과 같이 복잡한 산업 사회에서 아빠는 과연 어떤 존재인가? 아이들을 훌륭하게 키워내는 좋은 아빠가 되려면 어떻게 해야 하는가?

옛날 농경 시대에는 가정이 곧 일터였으므로 아빠가 가정에서 일어나는 일을 모두 파악하여 관장할 수 있었다. 자녀교육에도 물론 많이 참여를 할 수 있었다. 엄부자모嚴父慈母란 말도 있듯이 아빠는 권위적인 존재로서 위엄이 있고 엄격하며, 엄마는 이를 보완하는 수용적이며 자애로운 역할을 맡았다. 그리고 자녀교육에서는 사람 됨됨이를 가장 중요하게 여겨 어릴 때부터 엄격히 예의범절을 강조했으며 부모에게는 절대 복종하도록 가르쳤다. 이와 비교해 볼 때 지금의 가정의 양상은 아주 다르다.

> 일상 생활에서 자녀와 함께 하는 좋은 아빠가 되는 데에는 꼭 특별한 기술이 필요한 것도 아니며 돈을 많이 들여야 하는 것도 아니다.

우선 아빠의 일터가 대부분 집과 멀리 떨어진 곳에 따로 자리잡고 있고, 설사 집과 일터가 같이 붙어 있다 할지라도 하루 중 대부분의 시간을 일터에서 일을 하며 보내게 되어 아빠가 집에 있는 시간과 자녀교육에 할애할 수 있는 시간이 매우 적다. 그러다 보니 가정일을 모두 파악하여 관장하기가 여건상 어렵게 되어 대부분의 경우 엄마가 가정을 이끌어 가고 있다. 따라서 자녀양육뿐 아니라 자녀교육도 거의 엄마가 담당하게 되었다. 그러나 엄마 혼자서 자녀교육을 담당하는 것은 여러 가지로 무리가 따르는 일이며 그 결과 부작용이 생겨나기도 한다. 자녀교육은 절대로 엄마 혼자서 할 수 있는 일이 아니다. 자녀를 잘 키우기 위해서는 부모가 협력하여 좋은 분위기를 만들어야 한다.

일상 생활에서 자녀와 함께 하는 좋은 아빠가 되는 데에는 꼭 특별한 기술이 필요한 것도 아니며 돈을 많이 들여야 하는 것도 아니다. 그러면 아이들이 원하는 좋은 아빠가 되는 방법을 알아보자.

시간을 낸다 삶에 있어 일의 중요도에 순위를 매긴다면 단연코 자녀를 위한 일이 우선이 될 것이다. 흔히들 해야 되는데 시간이 없다고 말한다. 그러나 자녀를 위해서는 억지로라도 시간을 내야 한다. 하루에 단 30분 만이라도 아이와 함께 놀아 줄 수 있다면 아빠 노릇을 잘하고 있다고 볼 수 있다. 엄마나 다른 사람들, 친구들이 아이와 상대하여 잘 지낸다 해도 아빠와 함께하는 것은 또 다른 큰 의미가 있기 때문이다.

일상 생활에 자녀를 끌어들인다 휴일에 TV보기를 즐기는 아빠라면 자녀가 즐기는 TV프로그램을 함께 시청하며 즐기도록 해 보자. 또 목욕이나 운동, 바둑 등을 함께 한다든지 꼭 아이만을 위한 프로그램을 짜서 시간을 할애하지 않더라도 자연스레 아빠가 하는 행동에 자녀를 끌어들여 함께할 수가 있다. 아이들은 부모와 함께하는 일을 매우 좋아한다. 어른들에게는 일로 생각되는 것도 아이들은 어른과 함께하면서 놀이로 받아들여 즐긴다.

아이들의 얘기에 귀를 기울인다 요즈음 아이들은 부모 말을 잘 안 듣는다고들 말한다. 부모의 말을 잘 안 듣는 아이들의 경우 부모 자신을 돌아보면 부모가 아이들의 말을 잘 경청하지 않았기 때문일 때가 많다. 그러므로 우선 자녀의 말을 잘 듣도록 해야 한다. 그리고 짧은 시간 동안이라도 자녀의 말에 귀를 기울여 열심히 듣고 반응을 해 주며 또 아빠의 심정을 솔직히 표현하는 등 자녀와 진지한 대화를 나누는 태도를 갖도록 하자. 자녀에게 소리지르고, 위협하고, 명령하는 태도가 아빠의 권위를 살려 주는 것은 절대 아니다. 권위는 자녀에게 부드럽고 다정하게 말을 하며, 자신의 감정을 잘 통제하는 엄격하고 일관성 있는 태도에서만 세워질 수 있다.

행동의 모범을 보인다 아빠가 다른 사람들에게 무뚝뚝하고 불친절하면서, 자녀가 부모에게 공손하고 상냥하길 기대할 수는 없다. 부모가 책을 가까이하지 않으면서 자녀가 책을 즐겨 보게 할 수는 없다. 자녀는 부모가 행동하는 것을 은연중에 배운다. 그러므로 자녀에게 기대하는 표본이 있다면 그 부모가 먼저 모범을 보여야 한다.

물질적으로 보상하지 않는다 선물이라는 것은 자녀들의 생일이나 입학, 졸업 등 특별한 날을 기념하기 위한 정성의 표시이다. 그러나 요즈음 부모들은 자녀에게 시도 때도 없이 선물을 사 주는 경향이 있다. 아빠의 구실을 제대로 못한다는 미안함을 물질로 보상하려는 심리에서 나오는 행위이다. 선물을 받는 순간 아이들은 좋아하지만 이것으로 아빠의 노릇이 다 되는 것은 결코 아니다. 오히려 아이들 버릇만 나쁘게 길들이는 것이다. 그러므로 이젠 불필요한 물질 공세는 그만두자. 바빠서 어쩔 수 없이 아이들과 지내는 시간이 부족하다면 그 사실을 스스로 인정하고, 이러한 심정을 자녀에게 알려 주는 것이 좋다. 그리고 물질로 보상하려 하기보다는 자녀와 만나는 짧은 시간을 어떻게 하면 유용하게 보낼 수 있는가를 모색하는 것이 중요하다.

약속을 잘 지킨다 자녀와 한 약속은 가능한 한 잘 지키도록 노력해야 한다. 자칫 바쁘다는 핑계로 약속을 어기고, 자꾸 뒤로 미루게 될 수 있다. 이는 아빠에 대한 신뢰를 무너뜨리는 행동이다. 힘이 들더라도 자녀와의 약속은 지키도록 할 것이며, 못 지킬 약속이라면 당장은 아쉽더라도 아예 하지 않는 것이 좋다.

가사에 참여한다 가족 구성원들은 각기 나름대로 역할을 분담하고 있다. 바깥일은 아빠, 집안일은 엄마, 이렇게 확실하게 구분지어 공유하는 영역이 거의 없는 가정에서는 가족이 함께하는 즐거움과 화합의 기회를 갖기가 어렵다. 이런 가정에서는 소풍이나 외식 등 특별한 바깥 활동만 가족이 함께한다. 그러나 '함께'라는 감정은 어쩌다 한 번씩 하는 일로는 생기기 어렵다. 매일 반복되는 일상사인 가사에 아빠가 참여하게 되면 자연 아이들도 한몫씩 하게 된다. 이와 같이 일상 생활을 통해서 자녀는 자연스럽게 서로 돕는 '함께'라는 개념을 체득하게 된다.

편애를 하지 않는다 열 손가락 깨물어 안 아픈 손가락 있느냐는 옛말은 부모의 자식에 대한 사랑을 가리킨다. 그러나 열 손가락 깨물어 볼 때 다 아프지만 손가락마다 아픈 정도가 다르다는 우스갯소리로 부모의 편애를 정당화하기도 한다. 어쨌든 자녀가 둘 이상이 되면 똑같이 사랑하기가 어렵게 된다. 그러나 편애는 분명코 자녀에게 해로운 것이다. 사랑을 못 받는 아이는 열등감과 소외감으로 외롭고 특별히 사랑을 많이 받는 아이는 불필요한 우월감을 갖게 되고 다른 자녀의 시샘에 시달려 좋지 않다.

가족 모임을 자주 한다 가족 모임에는 여러 가지가 있을 수 있다. 여행, 야유회, 장보기 등 집 밖에서 이루어지는 것도 있지만 청소, 음식만들기, 게임, 가족회의 등 집 안에서 할 수 있는 모임도 많다. 대개는 가족 모임을 집 밖에서 하는 것에 비중을 많이 두고 있으나 실상은 집 안에서 손쉽게 모임을 만들 수 있다. 특히 정기적인 가족 회의를 통하여 크고 작은 일들을 결정한다면 요즈음같이 아빠가 자녀교육에서 사실상 빠져 있는 공백을 어느 정도는 메울 수 있을 것이다.

좋은 부부 관계가 자녀 교육에는 더 중요한 비중을 차지한다고 볼 수 있다.

가족 회의는 아이들에게 여러 면에서 좋은 영향을 준다. 특히 자신의 문제를 털어 놓게 하는 데 효과적이다.

아빠들의 모임을 만든다 엄마들끼리 모이면 자녀에 관한 이야기를 많이 하게 된다. 이런 모임에서 다른 가정의 아이를 다루는 방법들을 간접적으로 많이 배우게 된다. 이와 마찬가지로 아빠들끼리 특별히 자녀교육을 중심으로 이야기를 나누는 모임을 만드는 것도 크게 도움이 되리라고 본다. 요즈음 들어 이런 모임들이 생기고 있으며 반응들이 좋다. 또 아빠들을 위한 역할 훈련 프로그램도 많이 개발되고 있어 적극적으로 참여하면 더욱 효율적인 방법을 터득하게 되어 도움이 될 것이다.

완벽주의 부모와 편애하는 부모

부모라면 자녀가 매사 자신감이 있고 당당하게 주어진 일을 처리하고 거리 낌없이 자기 의사를 표현할 줄 아는 아이가 되었으면 하고 바라게 된다. 어릴 때부터 남보다 빨리 한글도 깨우치고 수개념도 일찍 터득하도록 책, 테이프, 장난감 등을 사 주고 영재 교육 프로그램에도 참여시킨다. 또 학교에 들어가면 공부를 열심히 하게 하여 칭찬과 상을 도맡아 받게끔 닦달을 한다.

그 밖에 피아노, 미술, 수영 등등 많은 예체능 과외 활동도 취학 전부터 시키기 시작하여 요즈음은 대부분의 아이들이 한두 가지 과외 활동을 하는 것이 보통이다. 이 같은 현상은 부모들이 자기 자녀가 남보다 더 잘하길 바라는 마음에서 비롯된 것이고 그것은 결국 자녀가 남보다 앞서 자신감 있고 당당한 아이로 자라길 바라는 마음에서이다.

공부도 잘하고 예체능 과외 활동도 잘하는 아이는 자신감이 넘친다. 그러나 뒤집어서 자신감이 있어야 모든 활동에 적극적으로 임해 다 잘하게 되는 것이다. 활동에서의 성공이 자신감을 가져오는가? 아니면 자신감을 가져야 모든 활동에서 성공할 수 있는가? 이 두 가지는 서로 연관되어 있다. 어느 것이 먼저라고 볼 수는 없다. 그러나 굳이 선택한다면 후자, 즉 자신감이 있어야 모든 활동에 성공할 수 있다는 쪽에 더 비중을 둘 수 있겠다.

그러면 자신감은 어떻게 생기는 것인가? 자신감은 대체로 부모 자녀 관계에서 파생된다. 부모 자녀 관계가 원만하고 지지를 받는 아이는 자신감이 있는 아이가 되지만, 그 반대로 부모 자녀 관계가 나쁘고 그 속에서 항상 스트레스를 받으며 무시당하고 비난받는 아이는 자신감이 없는 소심한 아이가 될 것이다. 그러면 어떤 경우에 부모 자녀 관계가 나빠지며, 어떻게 개선해 나가야 할 것인가를 좀더 구체적으로 살펴보기로 하자.

첫째, 부부 사이가 불화하면 자녀에게 화풀이를 하는 수가 많다. 특히 상대편 배우자와 성격이 비슷하거나 생긴 모습이 닮은 자녀에게 더 많이 화풀이를 하게 된다. 자녀는 엉뚱한 희생양이 되는 것이다.

이 같은 가정의 아이는 늘 불안하다. 언제 엄마 아빠가 싸워 그 불똥이 자기에게 떨어질지 모르기 때문에 늘 부모의 눈치를 보게 되고, 마음이 편하지 않고 긴장되어 있다. 그러다 보니 집 밖에서도 기를 펴지 못하고 위축되기 마련이다. 선생님이나 다른 어른들이 뭘 물어보면 야단맞을까봐 지레 겁을 먹고 자기 생각을 제대로 표현하지 못한다.

이런 경우는 두 말할 것도 없이 부부간의 화합이 최선이지만 그것이 쉬운 일이 아니므로 최소한 자녀가 보는 앞에서 부부 싸움은 하지 않도록 해야 하고, 또 자녀에게 화풀이를 하지 말아야 한다. 남편에 대한 또는 아내에 대한 불평, 불만을 자녀에게 털어 놓아 감정의 찌꺼기를 해소하려 하거나 자녀의 동정을 사서 자기 편으로 만들려는 생각은 참으로 위험한 생각이다.

둘째, 부모 둘 다 또는 둘 중 어느 한 쪽이라도 성격적인 결함을 가진 경우이다. 특히 자녀와 많은 시간을 지내는 엄마에게 결함이 있을 경우 그 영향력은 더욱 크다. 완벽주의자인 부모는 아이가 아무리 노력을 해도 더 잘할 것을 요구하며, 어느 한 부분이라도 불완전하면 못 견뎌서 아이를 들볶는다. 한순간도 만족을 하지 못하는 것이다.

열등감이 많은 부모는 자신의 열등한 부분을 자녀를 통해 보상받으려 든다. 부모 자신이 어릴 때 못했던 것이 있으면 그것을 자녀에게 어떻게 해서라도 시켜서 대리 충족을 하려 든다. 이런 경우 자녀의 개성이나 독립성은 전혀 무시된다. 아이가 피아노에는 재주가 없고 그림에 재주가 많은데도 엄마가 전에 형편이 어려워 피아노가 배우고 싶었지만 못 배웠던 것이 한이되어서 아이에게 강요를 한다. 자식이 한풀이의 대상이 되는 것이다. 자기마음대로 휘두르는 성격인 부모는 자녀의 의사는 항상 제쳐놓고 부모 마음대로 자녀를 휘두른다. 그림 그리고 싶은데 바이올린을 하라고 하고, 치마를 입고 싶은데 바지를 입으라 하고, 책 보고 싶은데 나가 놀라고 하고…… . 항상 부모의 생각대로, 그때그때의 감정에 따라 부모 마음대로 하여 아이의 기를 꺾는 수가 많다.

이상 나열한 이외에도 성격적 결함이 있을 수 있겠고 좀더 심각한 정신병적 요소를 가진 부모도 있다. 이런 경우는 아이보다는 부모 자신에게 문제

> 자신감은 대체로 부모 자녀 관계에서 파생된다. 부모 자녀 관계가 원만하고 지지를 받는 아이는 자신감이 있는 아이가 되지만, 그 반대로 부모 자녀 관계가 나쁘고 그 속에서 항상 스트레스를 받으며 무시당하고 비난받는 아이는 자신감이 없는 소심한 아이가 될 것이다.

가 있으므로 이를 자각하여 고치도록 해야 하며, 심한 경우에는 전문적인 상담을 받아 적극적으로 성격을 고쳐 나가도록 해야 할 것이다.

셋째, 부모의 편애로 관계가 나빠질 수 있다. 부모가 다른 형제를 더 예뻐하면 자기도 그 부모의 사랑을 받으려고 갖은 노력을 다 한다. 이때의 노력은 부모가 좋아하는 행동만 골라서 하는 경우와, 그 반대로 부모가 싫어하는 짓만 골라 해서 야단을 맞는 경우가 있다.

대체로 아이들은 두 가지 행동을 다 하게 되는데, 부모는 잘못하는 것만을 더 크게 보고 점점 더 심하게 야단을 치게 된다. 그러나 아이들은 야단도 관심이라고 여겨 하지 말라는 짓을 점점 더 하여 야단만을 맞게 되며 급기야는 관계가 악화된다.

이런 경우 부모 쪽에서 이 악순환의 고리를 끊어 주어야 한다. 발단은 편애이고 자녀의 목적은 부모의 관심이므로 이 논리를 명쾌하게 파악하여 자녀에게 진정으로 관심을 보이고 편애를 하지 말아야 한다. 편애의 대상 밖에 있는 아이는 열등감에 시달리는 반면 총애를 받은 아이는 불필요한 우월감을 가지게 된다. 우월감과 자신감은 엄연히 다른 것이다.

> 최소한 자녀가 보는 앞에서 부부 싸움은 하지 않도록 해야 하고, 또 자녀에게 화풀이를 하지 말아야 한다.

넷째, 부모의 자녀에 대한 지나치게 높은 기대치가 자녀를 위축시킬 수 있다. 특히 맏이나 장남인 경우, 이런 불필요한 부모의 기대 때문에 힘들어하는 수가 많다. 대체로 기대를 많이 거는 자식일수록 부모가 정성도 많이 들이고 관심을 많이 보인다. 그러나 자녀가 부모의 정성에 부응하지 못하고 기대 수준 이하로 행동하면 즉시 스트레스를 주게 된다.

사람마다 스트레스를 주는 방식이 다르겠지만 그것이 비난이든 회유든 간에 아이는 부모의 실망하는 눈빛을 곧 알아차려 심한 좌절감과 죄책감에 빠지게 된다. 특히 둘째나 셋째에게 정을 주고 맏이에게는 의무감을 지우고 기대치 이상으로 행동할 것을 요구하는 경우 더욱 힘들게 된다.

다섯째, 부모의 양육 방식과 대화 방법에 문제가 있다. 부모가 권위적이고 강압적이어서 자녀가 자신의 의사를 존중받지 못하고 자랄 경우 자신감이 없는 것은 당연한 일이다. 또 잘못을 했을 때 그것이 작은 일일지라도 크게 비난하고, 폭력을 휘두르고, 남과 비교하고, 위협하는 대화 방식으로 자녀를 대한다면 그 자녀 역시 "나는 정말 못난 아이인가 봐.", "난 쓸모 없는 사람이야."라는 열등감을 가질 수 밖에 없을 것이다.

> 부모 자녀 관계가 나쁜 경우 아이는 매사 의욕이 없고, 자기 주장을 못하며 남이 하자는 대로 끌려다니고, 눈치를 많이 본다. 또 수동공격적이어서 바보같이 착하게 굴다가 어느 순간 불같이 화를 낸다.

이상으로 부모 자녀 관계가 나쁜 경우를 살펴보았는데 이런 가정의 아이가 보이는 행동 특성이 몇 가지 있다. 매사 의욕이 없고, 자기 주장을 못하며 남이 하자는 대로 끌려다니고, 눈치를 많이 본다. 또 수동공격적이어서 바보같이 착하게 굴다가 어느 순간 불같이 화를 낸다. 집안에서는 형제 사이에 싸움을 많이 하고 괜히 상대방을 트집잡고 집적거려 상대방을 화나게 만든다. 징징거리고 우는 소리를 많이 내며 짜증이 많고 신경질을 잘 낸다.

이들 가운데에서 가장 흔히 나타나는 수동공격적인 행동과 징징거리거나 짜증을 내어 부모의 관심을 끌려는 행동을 어떻게 다루어야 할지를 알아보기로 한다.

수동공격적인 행동의 아이는 남 보기에 아주 착한 아이로 보인다. 그러나 부모가 보기에는 나가서 대항 한번 못하고 늘 맞고 들어오며 친구들 하자는 대로 끌려 다니는 바보같이 보여 속이 상한다. 그러면서도 동생을 때릴 때 보면 인정사정이 없다.

이런 행동 특성을 가진 아이는 먼저 부모가 아이를 잘 관찰해 보자. 그러면 언제, 어떤 상황에서 공격적인 행동이 가장 많이 나타나는지 예측할 수 있다. 그래서 미리 공격적인 행동을 막는다. 이미 화가 나 있으면 부모가 나서서 왜 화가 났는지에 대해 이야기를 나눈다.

대화를 하지 않으려 하고 무조건 상대방을 때리려 하면 제지하여 때리지 못하게 몸으로 막는다. 아이 허리를 끌어안고 아이가 긴장이 풀릴 때까지 붙들고 있어 본다. 이때 부모가 화를 내서는 절대 안 된다. 부모는 '네 마음을 알고 있다.'는 마음이 전달되도록 해야 한다. 또 형제나 친구들과 긍정적인 상호작용을 하면 이를 알아차려 칭찬을 해준다.

긍정적인 반응, 신체 접촉 등을 통해 부모의 따뜻한 관심을 확인시켜 준다

자녀는 허용되는 방법으로 사람들과 지내는 법을 배워야 한다. 따라서 부모는 어떤 행동이 적합한 사회적 행동인지를 알게 해 주어야 한다. '친구를 도와 주어서 참 잘했다.' '형이 그네를 밀어 주니 더 재미있지? 너도 형 차례가 되면 밀어 줄래?'

다른 아이를 다치게 하면 즉시 구석으로 데려가 움직이지 못하게 한다. 이때 구석에는 장난칠 것이 있으면 안 되며, 부모의 태도는 단호해야 한다. 잠시 혼자 아무것도 못하게 하고는 얼마 후에 오게 한다.

아이들은 부모의 관심을 끌기 위해 야단맞는 짓도 마다하지 아니한다. 오히려 야단치는 것도 자신에게 보여 주는 관심이라 여기므로 이런 바람직하지 않은 행동이 줄어들기는커녕 점점 더 심해진다.

우선 이런 방법으로 관심을 끌려할 때는 무시한다. 대신 바람직한 행동, 즉 징징대는 대신 또렷한 말을 하거나 짜증내는 대신 상냥한 표정을 짓는 등의 행동을 할 때는 이를 얼른 포착해서 미소를 지어 주고 '네가 그렇게 하니까 얼마나 좋은지 몰라.' '엄마가 정말 기분 좋은데.' '그러니까 얼굴이 훨씬 예쁘다.' 하고 긍정적인 말을 해 준다.

> 부모는 어떤 행동이 적합한 사회적 행동인지를 알게 해 주어야 한다. '친구를 도와 주어서 참 잘했다.' '형이 그네를 밀어 주니 더 재미있지? 너도 형 차례가 되면 밀어 줄래?'

그리고 신체적인 접촉을 좋아하면 껴안아 주거나 등을 가볍게 두드려 준다. 이런 무시하기와 긍정적인 반응 보이기 외에 아이와 함께할 수 있는 특별한 시간을 계획한다. 특별한 시간은 하루에 20~30분 정도 아이와 일 대 일의 관계로 재미있게 노는 시간을 보내는 것을 말한다. 그렇게 하면 자녀는 부모가 자기에게 관심이 있다고 생각하여 자신을 특별한 존재로 생각하게 된다.

이런 방식을 일관성 있게 유지하면 자녀는 차츰 차츰 자신감을 얻어가게 될 것이다. 그리고 부모 자녀 관계도 점점 좋아져 아이가 예뻐 보일 것이다.

아이들이 나타내는 바람직하지 못한 행동에는 반드시 그럴 만한 이유가 있다. 그리고 그 이유의 대부분은 부모에게 원인이 있다. 문제 해결의 열쇠는 부모가 쥐고 있는만큼 부모 쪽에서 먼저 악순환의 고리를 끊도록 애써야 한다. 부모가 달라지는 만큼 아이도 달라져 간다는 것을 명심하자.

초등학교 시기는 지금까지와는 다른 발달의 특성을 보인다. 피아제Piaget에 따르면
이 시기의 아이는 자기중심성을 벗어나 다른 사람의 세계를 받아들이고 다른 사람의 처지를
생각할 줄 알며 여러 각도로 사건을 볼 수 있게 되는 등 세상을 바라보는 시각이 넓어진다.

제2장 **아이들은 자란다**

아이들에게 놀이의 의미는 무엇일까?

'아이' 하면 '놀이'라는 단어가 즉각적으로 연상된다. 아이들은 언제 어디서나 놀 수 있는 능력이 있다. 어떤 상황이든지 아이들은 그것을 놀이로 바꿀 수 있다.

어른들이 짜증스레 버스를 기다리는 그 잠간 동안에도 아이들은 놀기에 바쁘다. 가위 바위 보를 하기도 하고, 앉아서 공기놀이를 하기도 하고 정류장 표지판을 붙들고 뱅글뱅글 돌기도 한다. 놀이에는 단순히 재미와 즐거움을 주는 것 말고도 다양하고 중요한 기능이 있다.

첫째, 놀이에는 유익한 학습의 기능이 있다. 아이들은 놀이를 통해 세상을 배우고 자기 발전을 한다. 아이들은 자신의 모든 감각기관을 이용해서 세상을 직접 보고, 듣고, 만지고, 냄새 맡으며 느낀다. 또 '왜' '어떻게'의 답을 알기 위해 끝없이 반복하면서 차츰 자신의 지식 세계를 넓혀 간다.

어른들이 아무런 목적 없이 계속 충분히, 다양하고 자유롭게 놀 수 있게 도와 준다면 아이들은 많은 경험을 통해 산지식을 얻고 또 창의력을 무한히 키워 나갈 수 있을 것이다.

둘째, 놀이는 감정을 정화해 주는 치료적 기능이 있다. 아이들은 놀이를 통해 스트레스를 푼다. 충격적인 경험을 한 경우에는 같은 놀이를 반복하는 동안 충격을 풀어 냄으로써 스스로 힘든 상황을 극복해 나간다.

아이들이 병원에 다녀오면 곧바로 인형에게 주사를 놓는 등 병원놀이를 하며 고통스러웠던 경험을 지워 나간다. 자동차 사고를 당하면 반복해서 차가 부딪치고 뒤집히는 등의 사고 장면을 연출해 내어 두려움과 충격에서 벗어나려고 한다.

셋째, 놀이는 시행착오를 경험하게 하여 아이가 세상에 적응하는 것을 배우게 하는 기능이 있다. 아이는 자기가 살고 있는 사회의 가치 체계도 배워야 한다. 그러나 어른의 세계는 아이들에게 너무나 넓고 복잡하고 크게 여겨진다. 그러므로 이에 적응 못하는 아이들에게는 외부 세계가 위협적으로 여겨지기까지 한다. 이러한 아이들은 자기만의 아주 작은 놀이 세계를 만든다. 놀이 세계에서는 실수도 용납되는 너그러움이 있다. 아이들은 놀이 세계 속에서 실제 세상에서 되는 것과 안 되는 것을 직접 부딪쳐 보면서 파악해 간다.

> 놀이에는 아이가 전인적으로 발달할 수 있도록 하는 다양한 기능이 있다.

넷째, 초등학교 아이는 게임을 하면서 사회성과 대인 관계 능력을 키운다. 게임은 초등학교 아이들이 가장 좋아하는 놀이의 형태이다. 게임은 대부분 둘 이상이 해야 하므로 차례를 기다리고 양보하고 협동하는 사회적 기술이 없이는 할 수 없다. 어른과 놀이를 벌일 때는 어른이 져 주기도 하고 또 봐 주기도 하지만 또래끼리는 어림도 없다. 그러므로 이런 게임을 통해 아이들은 사회성을 기르고 대인 관계 능력을 키울 수 있다. 이런 능력은 후에 성인이 되었을 때 적응하는 데 밑받침이 되는 중요한 능력이다.

이와 같이 놀이에는 아이가 전인적으로 발달할 수 있도록 하는 다양한 기능이 있다.

그런데 요즈음은 어찌된 일인지 '놀이' 하면 '게으름' '시간 낭비' '비생산적' 이라는 단어들과 연관지어 생각하는 경향이 있다.

특히 학교 다니는 아이들이 긴 시간을 놀고 있으면 학부모들은 매우 불안해한다. 몇 가지 과외 활동을 하도록 빡빡하게 하루 일정을 짜 놓아야만 안심을 하는 부모들도 있다.

잘 놀지 못하는 것은 잘 먹지 못하고 잘 자지 못하는 것만큼이나 중요한 문제이다.

어느 교직원 단체가 초등학교 3~6학년 아이들을 대상으로 조사한 바에 따르면 반수 정도의 아이가 가장 스트레스를 받는 것이 '공부' 라고 한다. 이 스트레스를 해소하기 위해 3분의 1 정도의 아이가 TV를 보거나 오락을 한다고 했다. 또 반수 정도의 아이가 죽고 싶고, 집을 나가고 싶은 충동을 느낀 적이 있다고 했다.

학무모뿐만 아니라 교사, 교육행정가들은 아이의 성장과 놀이의 중요성을 재인식하여 각 가정과 교육 현장에 반영해야 한다. 그래야만 우리는 스트레스를 받지 않고 구김살없이 자라는 아이들의 모습을 대할 수 있을 것이다. 잘 놀지 못하는 것은 잘 먹지 못하고 잘 자지 못하는 것만큼이나 중요한 문제이다.

아동기의 스트레스는 일평생 영향을 끼칠 수 있다

요즈음 아이들은 놀랄 만큼 빠른 사회적 변화와 계속적으로 높아만 가는 학업에 대한 기대감 때문에 심한 스트레스를 받고 있다. 아이들은 부모, 학교, 대중매체의 영향으로 학업, 의복, 성장에 관한 여러 가지 정신적 부담을 받고 있다. 특히 우리나라 아이들은 잘못된 교육 제도와 교육관 때문에 어릴 때부터 학업 성취에 대한 스트레스를 무엇보다도 많이 받고 있다.

또 부모들 사이에서는 조기교육이라는 것이 이제는 당연한 부모의 의무로까지 인식되고 있다.

원래 조기교육의 의미에는 학습에 대한 준비도 포함되는데, 요즈음은 준비가 아닌 성취라는 결과의 개념으로 바뀌어 버렸다. 심지어는 갓난아기 때부터 지적인 자극을 주는 등 이른 학습을 시키고 있고, 서너 살부터는 본격적인 학습에 들어가 한글을 가르치고, 수개념을 터득시키려 애쓴다. 더한 경우에는 외국어 학습, 예체능 과외교육까지 시켜 아이들에게 스트레스를 주고 있다.

의복에 대한 스트레스도 심해지고 있다. 아이들에게는 활동하기 편한 옷을 입혀야 한다. 그러나 TV, 잡지 등 광고 속의 연출된 모습에 자극을 받아 부모들이 자녀에게 성인 의복의 축소판을 입히려는 경향이 늘고 있다.

또 TV, 음악, 책, 잡지, 영화와 같은 대중매체를 통해 빨리 성인이 되라고 재촉당한다. 대중매체에서는 아이들을 점점 더 조숙한 존재로 묘사하고 있다. 심지어는 은연중에 성적인 노출을 하기까지 한다. 이런 묘사 때문에 아이들은 준비가 채 되기도 전에 어른처럼 행동해야 한다고 생각한다.

그러나 아이들이 정서적으로 빨리 성장할 수 있도록 재촉받을 수 있을까? 심리학자와 정신과 의사들은 감정과 정서는 가장 복잡하고 미묘하게 발달하는 부분이라고 한다. 정서적으로 성장해 가는 것은 어떤 상황 속에서도 복잡하고 어려운 일이다.

대부분의 부모들은 자녀가 '똑똑하다' '영리하다' 라는 말을 들을 때 가장 흐뭇해한다. 똑똑한 그리고 영리한 자녀로 키우려다 보니 엄마들이 집에서 가장 많이 쓰는 단어는 '빨리빨리' '어서어서' 라는 말이다. 뭐든지 어서, 빨리 하도록 재촉을 많이 받을수록 아이들은 그만큼 스트레스도 많이 받게 된다. 이 같은 스트레스에 대한 아이들의 반응은 어떤지 살펴보기로 하자.

개개인의 특성에 따라 다르게 나타나지만 흔히는 성급해지고, 주의집중을 못하며, 안정감이 없고, 우울해지는 증상을 나타낸다. 공부에 대한 스트레스가 클 때는 학교를 안 가려 하거나 일부러 지각을 하는 등 학교를 피하려 한다. 또 매사 움츠러들고 의욕이 없으며 무감각한 양상을 나타내기도 하고, 지나친 경쟁심을 보이기도 한다.

어릴 때는 심각할 정도의 증세가 나타나지 않다가 어른이 되었을 때 나타나 큰 질병을 일으킬 수도 있는 등 아동기에 받은 과도한 스트레스는 일평생 부정적인 영향을 끼칠 수도 있다.

그러므로 부모는 가정에서 자녀가 스트레스를 덜 받도록 도와 주어야 한다.

첫째, 자녀를 재촉하는 것이 진정 자녀를 위한 것인가 아니면 부모 자신의 욕구를 채우기 위한 것인가 반성해 보자.

둘째, 자녀가 서서히 클 수 있게 기다려 주자. 아이가 성장하고, 배우며, 발전하기 위해서는 시간이 필요하다.

셋째, 노는 시간을 많이 주자. 아이에게 있어서 놀이는 어른의 일과 같으므로 충분히 놀 수 있는 시간을 주어야 한다.

아동기에 받은 과도한 스트레스는 일평생 부정적인 영향을 끼칠 수도 있다. 그러므로 부모는 가정에서 자녀가 스트레스를 덜 받도록 도와 주어야 한다.

초등학교 시기에 반드시 짚어야 할 발달 과제

초등학교 시기는 지금까지와는 다른 발달의 특성을 보인다. 우선 외형적으로도 학교라고 하는 커다란 과제에 당면하게 된다. 아무리 유치원을 여러 해 다녔어도 교과과정과 운영 방식 등이 전혀 다르게 전개되는 학교는 아이에게는 큰 부담이 아닐 수 없다. 부모한테서 떨어져야 하고, 선생님이라는 부모 이외의 권위자를 받아들여야 하고, 학교 생활이라는 규칙적이고 규격에 맞추는 생활을 해나가야 하고, 싫더라도 공부를 해야 하는 큰 환경적 변화를 겪어야 한다.

초등학교 시기의 아이는 자신감, 성취감, 유능감으로 근면성을 기르고 지식과 기술을 연마하며 친구들과의 단체의식을 통해 소속감을 확보하여 성인이 되었을 때 모든 면의 기초를 다지는 발달상의 과제를 안고 있는 것이다.

피아제Piaget에 따르면 이 시기의 아이는 구체적 조작기라는 인지 발달 단계에 있어 지금까지와는 다르게 사고의 폭이 넓어진다고 한다. 자기중심성을 벗어나 다른 사람의 세계를 받아들이고 다른 사람의 처지를 생각할 줄 알며 여러 각도로 사건을 바라볼 수 있는 등 세상을 바라보는 시각이 넓어진다.

그러나 아직 구체적 사고의 단계에 있어 사물의 속성, 사물의 인과 관계 등 직접 관찰할 수 있는 현상에만 관심을 갖는다. 프로이트Freud는 이 시기를 잠복기라고 하였는데, 그 이유는 이 시기까지는 갈등을 일으키는 욕구충동은 잠잠히 가라앉아 있어 다음 청소년기로 넘어갈 때까지 표면상 평온 상태를 유지하고 아이가 무언가에 열심히 심취할 수 있는 시기라는 것이다. 이같이 내적으로는 평온하고 인식의 세계는 넓어지는 한편 외적으로는 크게 달라진 환경 조건과 맞부딪치게 된 것이다.

이 시기에 발달상 꼭 딛고 넘어가야 할 과제들이 몇 가지 있다. 에릭슨 Erikson에 따르면 이 시기는 근면성을 기르는 시기라고 한다. 근면성은 자신에게 닥쳐오는 외부의 도전을 자신의 힘으로 스스로 극복할 수 있다는 생각과 태도를 뜻하는데, 성공했던 경험을 통해 아이의 성취 동기나 경쟁심, 유능감 등이 강화되는 정도에 따라 발달하게 된다. 그 결과로 근면감을 가지게 된 아이는 긍정적인 자아 개념을 획득하며 외부 세계에 대해서도 자신감이 생겨 능동적이고 활발한 성격을 가지게 된다. 그러나 성공적인 경험보다 실패의 경험을 더 많이 한 아이는 자신은 도전에 대처할 능력이 없다는 생각에서 열등감이 생기게 되어 외부 세계에 대해 스스로 위축되고 부정적인 성격이 형성되기 쉽다.

또 이 시기는 지식을 습득하고 기술을 연마함으로써 장차 성인으로, 직업인으로 생활해 나갈 수 있는 기초를 마련하게 된다. 따라서 중요한 발달 과제는 지식과 기술의 연마인데 단순한 지식과 기술의 습득보다 더 중요한 것은 이러한 지식과 기술을 습득하고 연마하는 과정에서 자기 자신이 일을 성공적으로 해냈다는 자신감과 성취감, 만족감을 얻는 일이다. 왜냐하면 이 시기에 얻어진 자신감과 만족감이 앞으로 일생 동안 자식을 넓히고 새로운 기술을 습득하게 하는 중요한 동기가 되기 때문이다.

또 이제는 가정 내의 형제 자매 관계뿐 아니라 친구, 급우를 사귀면서 부모들에게서 독립을 연습하고 단체의식을 형성하게 되는 시기이다. 또래들과의 접촉이 아이들 생활에서 중요한 의미를 가지게 된다. 이 시기 아이들은 또래들과의 상호작용으로 자기 자신에 대해 새롭게 지각하고 다른 사람과 상호작용하는 방식을 배우며 집단에 대한 소속감이 발달하게 되는 것이다. 이렇게 친구들과 사귐으로써 사회성을 높일 뿐만 아니라 단체의식을 얻고 규율과 법을 준수함으로써 장차 사회 생활을 해 나가는 데 중요한 기초를 닦는 것이다. 만일 이때 이것이 제대로 이루어지지 않는다면 소외감이 생기게 될 것이다.

또 이 시기에는 남녀 사이 성의 구별이 좀더 진전되어 남자는 남자끼리 여자는 여자끼리 어울리며 남녀의 특성이 좀더 구체화된다. 그러므로 자신의 성에 더 신경을 써서 자기의 남성다움이나 여성다움에 대하여 자신감이 없는 아이들은 열등감을 갖게 될 것이다.

이상과 같이 초등학교 시기의 아이는 자신감, 성취감, 유능감으로 근면성을 기르고 지식과 기술을 연마하며 친구들과의 단체의식을 통해 소속감을 확보하여 성인이 되었을 때 모든 면의 기초를 다지는 발달상의 과제를 안고 있는 것이다. 이 과제를 잘 수행할 수 있도록 부모, 교사, 주변 사람들도 적절한 환경 조건을 마련해 주고 지속적인 격려와 지지를 아끼지 말아야 할 것이다.

아이들 학습지, 이렇게 이용해야 효과적이다

요즘 들어 교과서를 보조하는 학습교재의 종류가 매우 다양해졌다. 예전에는 전과와 문제집이 고작이었고 그것도 한두 가지 뿐이었지만 요즈음은 전 과목을 취급하는 문제집도 많이 나오고, 또 중요 과목을 집중적으로 보충해 주는 학습교재도 많이 개발되어 나오고 있다.

학습지에는 한 달에 한 번씩 나오는 것에서 일 주일에 한 번씩 우편으로 배달하거나 교사가 직접 교재를 가져와 모르는 부분을 가르쳐 주는 것, 또 매일 주부 사원이 집으로 배달해 주는 시험지까지 종류도 많고 배달하는 시기와 방법도 다양하다. 그리고 지금까지는 학습지의 거의 전부가 종이와 연필만 필요한 시각적인 자료가 대부분이었으나 요즈음은 비디오와 녹음기를 이용한 즉, 시청각을 곁들인 자료들도 속속 개발되어 나오고 있다.

이러한 학습지들은 학교에 다니는 아이들은 물론 유치원 다니는 아이들, 심지어는 서너 살짜리까지도 가정에서 많이 활용하고 있다.

그러나 이 많은 학습지들 중에서 과연 어떤 것이 자녀에게 진정으로 도움이 되는가 판단하는 것은 매우 어려운 일이다. 대부분의 경우는 이웃집 아이들이 하는 것을 보고 시키거나 외판사원 또는 TV나 신문, 잡지 등의 광고 매체를 통해 학습지 소개를 받아 활용하게 된다. 그런데 과연 그 학습지들이 아이들에게 얼마나 도움이 되고 있는 것일까? 부모들은 이 문제를 좀더 냉철히 판단해 볼 필요가 있다.

우선 이를 판단하려면 왜 이런 학습지를 사용하는지 그 근본 이유부터 알아봐야 한다.

학습지의 내용을 살펴보면 한마디로 3R 즉, 읽기Reading, 쓰기Writing, 셈하기Arithmatic를 훈련하기 위한 것이다. 이 3R을 달성하기 위해 나이와 학년에 따라 난이도가 다르게 만들어졌을 뿐이다.

그런데 이 3R의 목표를 달성하기 위한 방법으로 학습지가 과연 최선의 도구인가, 굳이 학습지를 쓸 수밖에 없다면 어떻게 활용하는 것이 좋은가.

수개념은 구체적 사물을 통해 배우도록 한다

대부분의 부모들은 아이들이 수를 많이 셀 줄 알면 아이가 산수를 잘한다고, 재능이 있다고 생각한다. 그러나 여섯 살짜리가 1부터 100까지, 아니 1000까지 셀 수 있는 것과 천까지의 수개념 학습이 되어 있는 것과는 별개의 문제이다. 앵무새같이 줄줄 외우는 것은 능숙해도 "사탕 다섯 개만 집어 봐라." "사과 아홉 개만 가져와 봐라." 하는 지시를 따르지 못하는 아이들도 많다. 이것은 그 아이가 수에 대한 개념학습이 충분히 이루어지지 않았음을 증명하는 것이다.

왜 수학은 학교 교과목에서도 그렇게도 중요하게 여기고, 수학이 모든 교과목 중에서 가장 중요한 핵심 과목으로 여겨지고 있을까. 단순히 셈을 잘하기 위해서라면 요즈음은 계산기나 컴퓨터로 천문학적인 수까지 다룰 수 있기 때문에 군이 머리로 복잡한 계산을 할 줄 몰라도 된다. 수학을 배우는 것은 셈을 배우는 것이 아니라 논리적이고 합리적인 사고를 할 수 있는 능력을 키우기 위한 것이다.

숫자에는 양도 포함되어 있다. 그러므로 취학전 아이에게 0~9까지의 수개념을 가르칠 때 종이에다 연필로 표시하고 머릿속으로 상상만 하게 하는 학습지는 개념학습 도구로는 가장 바람직하지 않다. 아이들은 구체적인 사물을 통해 수개념을 배워야 한다. 이는 0~9까지의 수개념뿐 아니라 초등학교 저학년에서의 더하기, 빼기, 나누기, 곱하기, 분수 등등 점점 어려운 학습 내용에 있어서도 마찬가지다.

이와 같이 종이가 아닌 구체적 사물을 조작하며 수개념을 한 단계씩 학습해 나간 아이들은 절대 수학을 싫어하지 않을 것이고 수학을 배우는 원래의 목적을 충분히 빠르게 달성할 수 있을 것이다. 그러므로 학부모들은 여섯 감각 기관 중의 하나인 시각만을 활용하는 학습지를 무조건 믿을 일은 아니다.

너무 일찍부터 시작하면 오히려 역효과

유치원에 다녀온 아이에게 "오늘 뭐 배웠니?" 하고 물으면 자세히 대답하는 아이도 있겠지만 많은 아이들을 그저 재미있게 놀았다고만 대답한다. 그리고 대부분의 아이들은 유치원은 재미있게 노는 곳, 학교는 공부하는 곳, 이렇게 구별해서 생각한다. 이 생각은 아이뿐 아니라 학부모들도 마찬가지이다. 그러나 유치원 교육 과정을 들여다보면 소위 부모들이 공부라고 생각하는 3R에 대한 학습 내용이 분명히 들어 있다. 그 내용 전개를 놀이로 하거나 구체물을 조작하므로 재미없는 공부로 받아들이지 않고 '놀이'로 받아들여 재미있게 한 가지 한 가지 지식을 습득해 간다.

'ㄱ, ㄴ, ㄷ, ㄹ……'을 가르치고 '가, 나, 다, 라……'를 연필과 종이를 가지고 책상에 앉아 쓰게 하는 것이 읽기와 쓰기 학습을 하는 유일한 방법은 아니다. 이것은 가장 원시적인 방법이며 어학 학습은 우선 듣기부터 시작한다. 쓰기를 배우기 이전에, 듣고 말하는 것부터 배우고, 쓰는 것은 순서적으로 제일 나중이다. 그러므로 어릴 때부터 동시와 동화를 많이 듣고, 보고 또 부모와 대화를 많이 하며 자란 아이들은 읽기, 쓰기의 학습 준비를 매우 충실히 하고 있다고 볼 수 있다. 이렇게 책을 많이 접한 아이들은 자연스럽게 글자에 관심을 보인다. 관심을 보일 때 부모는 아이가 보이는 관심에 반응을 보여 주면 되는 것이다. 글자에 대한 관심이 충만되어 있을 때 그 관심을 소홀히 하지 않으면 아이들은 자연히 읽기를 터득하게 된다.

그러나 부모들은 너무 마음이 성급하다. 자식이 똑똑하길 바라지 않는 부모가 어디 있을까마는 너무 성급하게 일찍부터 글을 깨우치게 한다고 강압적으로 연필과 공책을 들이댄다면 일찍부터 배움에 대한 의욕을 잃게 할 뿐이다.

쓰기는 글자를 맞춤법에 맞게 쓰는 초보적인 단계부터 궁극적으로는 자신의 생각을 글로 옮길 수 있는 단계까지 다 포함한다고 볼 수 있다. 초보적인 수준의 쓰기는 암기가 완벽해지면 자연스럽게 이루어진다. 또 읽기가 잘되어 책을 혼자 많이 읽는다면 특별히 연습을 하지 않아도 초보 수준의 쓰기는 물론 생각의 표현까지도 쉬워진다.

일찍부터 학습지를 통해 읽기와 쓰기를 가르치려 하는 것은 부모의 성급한 욕심이다. 부모는 노력은 적게 들이고 많은 성과를 얻고자 하지만 이로써 얻어지는 것은 학습 의욕을 상실하는 것뿐이다. 그러므로 시간이 많이 걸리고 공이 많이 들더라도 어릴 때부터 책을 많이 읽어 주고 대화를 많이 하며, 구체물을 가지고 수를 조작하도록 충분히 학습

> 일찍부터 학습지를 통해 읽기와 쓰기를 가르치려 하는 것은 부모의 성급한 욕심이다.

할 준비를 만들어 주는 것이 바람직한 부모 노릇인 것이다. 그러면 부모와 자녀가 싸우지 않고서도 서로 만족하게 3R을 습득하게 될 것이다.

효과적인 학습지 활용 방법

충분한 시간과 공을 들여 읽기, 쓰기, 셈하기를 배울 준비를 갖추지 않고 학교에 들어가면 부모와 아이 모두 곤란한 상황에 처하게 된다. 학교 공부는 따라가야 할 텐데 진도는 빠르고 개념학습의 기초가 되어 있지 않아 자꾸만 뒤처지게 되면 자연 학습지를 보조학습 도구로 쓰게 된다. 그러나 이렇게 공부가 뒤떨어지는 아이뿐 아니라 잘하는 아이는 잘하는 아이대로 시험을 더 잘보려고 학습지를 활용하는 등 보조학습 도구로서 학습지 활용이 아이들에게 보편화되어 있다.

어떤 경우이든 간에 이왕이면 학습지는 효율적으로 활용하는 것이 중요한데 과연 어떻게 하는 것이 좋을지 살펴보기로 하자.

학습지는 어디까지나 보조학습 도구라는 것을 명심하자 학습에서는 학교에서

배우는 교과서가 우선이다. 학습지는 어떤 것이든 간에 이를 보조하는 자료일 뿐이다. 그러므로 교과서에서 목표로 삼고 있는 것이 무엇인지를 파악하여 이를 달성하도록 부모가 도와 주어야 한다. 즉 시험을 잘 보는 것이 학교 공부의 전부라고 생각해서는 절대로 안 된다.

자녀가 하고 싶어하는 학습지를 선택하도록 한다 자녀가 어리거나 학습지를 처음 선택할 때는 부모가 선택을 하게 되지만, 자녀가 학교에 다니면 자기네들끼리 정보를 많이 교환하게 되어 학습지에 관해서도 아이들 나름대로 선호가 생기게 마련이다. 학습지라는 것이 앞서도 말한 바와 같이 그것이 갖는 한계성이 있으므로 내용이나 질적인 차이는 그다지 크지 않다. 그러므로 아이가 고르는 것을 하게 한다면 하고 싶은 동기를 부여할 수 있게 되어 좋다.

> 인생을 긴 안목으로 바라보면서, 인생에서 무엇이 중요한지를 항상 생각하며 주체성 있는 자녀 교육을 하자.

동시에 여러 가지 학습지를 시키지 않는다 학과목 보충을 학습지만을 가지고 해결하기 위해 이것저것 여러 가지 학습지를 하는 것은 별 효과가 없다. 따라서 학습지만으로는 해결할 수 없는 부분도 많다. 그러므로 학습지로 보충해도 무방하게 여겨지는 부분만 보조하는 도구로 활용하는 것이 바람직하다.

다하지 못해도 강요하지 않는다 학습지를 얼마 안 하고 그냥 버리게 되면 아깝다는 생각이 들어 아이에게 빠뜨리지 말고 다할 것을 강요하게 된다. 그러나 다하는 것보다는 하루에 얼마큼씩이라도 꾸준히 하는 습관을 들이는 것이 중요하다. 처음부터 양을 많이 정해서 아이가 질려 버리지 않도록 해야 한다.

문제 푼 것을 보고 아이가 어떤 부분을 모르는지 파악하여 보충해 준다 특히 저학년의 경우에는 학습지와 더불어 구체물을 활용하는 것이 좋다. 학습지에서 아이가 이해하지 못하고 어려워하는 부분은 구체물을 보조로 활용해서 설명해 주면 이해에 훨씬 도움이 된다.

학습지 스타일의 4가지 선다형이나 단답형의 짧은 사고 수준으로는 인생을 깊고 풍요롭게 또 다양하고 융통성 있게 살 수가 없다. 인생에 있어 가장 즐겁고 중요한 아동기, 청소년기의 대부분을 숙제하고 문제집 풀고, 강요된 과외 활동을 하는 것으로 보내게 한다면 아무리 좋은 의도라 할지라도 자녀의 행복을 박탈하는 것이 아닐 수 없다.

인생을 긴 안목으로 바라보면서, 인생에서 무엇이 중요한지를 항상 생각하며 주체성 있게 자녀를 교육하자. 그리고 이를 꾸준히 밀고 나가자. 그것만이 자녀를 진정으로 사랑하는 것이며, 자녀를 행복하게 하는 것이다.

말썽은 관심받고 싶다는 마음의 표현이다

아이들은 말썽을 부리며 크기 마련이다. 일을 저질러 부모를 속상하게 만들기도 하지만 그러는 동안 여러 가지를 배우면서 점점 성숙해 간다. 말썽은 호기심의 표현이며 또한 부모의 관심을 받고 싶다는 마음의 표현이다.

돌을 전후해서는 손에 닿는 것, 눈에 보이는 것은 모조리 건드려 일을 저지른다. 그러다 두세 살이 되면 행동 반경이 넓어져 자꾸 밖으로 나가려 하고 또 모방심리가 생겨 어른 흉내를 내곤 한다.

네다섯 살이 되면 지능이 더욱 발달하고 분별력도 생겨 말썽의 횟수는 줄어들지만, 한번 말썽을 부렸다 하면 크게 일을 저지른다. 높은 데서 뛰어내리다가 다리를 다치기도 하고, 어른 몰래 불장난을 하는 등 위험한 행동을 하기도 한다. 나이를 먹으면서 말썽의 횟수는 줄어드는 반면, 말썽의 정도는 점점 커져 때에 따라 말썽은 문제행동으로까지 확대되기도 한다. 이때의 말썽은 단순한 호기심의 표현이기보다는 부모의 관심을 끌거나 부모에 대한 반항, 습관 등 여러 가지 의미가 섞여 나타나는 것이므로 부모는 점점 아이를 어떻게 다루어야 할지 몰라 힘들어진다.

아이들이 말썽을 부릴 때 또 그 말썽이 수그러들지 않고 점점 더할 때 그것은 부모가 자기를 좀 바라봐 주고, 관심을 가져 주고, 자기를 인정해 달라는 이야기를 점점 더 큰 소리로 말하고 있는 것과 같다. 그러나 대부분 부모들은 이를 야단치거나 매로 다스린다. 어른들 생각에는 아이를 야단치면 다음에는 야단맞을 짓은 안 하고 부모 마음에 드는 행동을 하며 칭찬받을 일만 하려고 노력할 것이라고 기대하지만, 야단맞을 때만 잠잠할 뿐 말썽은 줄어들지 않는다. 그 이유는 아이는 야단도 관심이라고 여기기 때문이다. 자기가 말썽을 부려 부모가 자신을 야단치는 것은 비록 부정적인 관심이긴 하지만 그것도 하나의 관심이라고 받아들인다.

이럴 때 부모는 아이의 말썽이 무엇을 말하는지 그 숨은 뜻을 정확히 읽어야 한다.

호기심이 많고 창의성이 풍부한 아이여서 엉뚱한 짓을 많이 하는 아이는 아이의 특성을 부모가 이해하고 사회적으로 인정될 수 없는 부분만 못 하게 한계를 그어 주면 그 아이의 장점은 잘 살아날 것이다.

> 아이의 바람은 관심을 받는 것이므로 바람직하지 못한 행동을 했을 때는 무관심한 척하는 대신, 아이의 바람직한 행동을 찾아내 칭찬과 격려를 많이 해 주는 것이 좋다.

행동에 문제가 있는 아이는 아이의 타고난 특성을 그대로 받아들여 완벽하게 행동하도록 강요하지 말고, 되는 것과 안 되는 것을 일관성 있게 구분해 주는 것이 좋다. 부모의 무관심, 형제와의 경쟁, 정서적 불안정 등 때문에 나타나는 행동으로는 툭하면 울고, 고자질 많이 하고, 형제간에 싸움이 잦고, 거짓말하는 등 좀더 복잡 다양하다.

아이의 바람은 관심을 받는 것이므로 바람직하지 못한 행동을 했을 때는 무관심한 척하는 대신, 아이의 바람직한 행동을 찾아내 칭찬과 격려를 많이 해 주는 것이 좋다.

과시행동은 자기 열등감의 다른 모습

지금은 자기 홍보의 시대이다. 겸손하고 수줍어하며 자신이 남들에게 드러나는 것을 부끄러워하는 것을 미덕으로 여기던 시대는 지났다. 요즘은 적극적으로 자신을 알리는 것이 현대인의 바람직한 자세로 여긴다. 자신의 느낌이나 생각의 표현뿐만 아니라 자신의 능력, 재주 등 모든 것을 남이 알아 줄 때까지 기다리기보다 스스로 나타내는 것을 은근히 조장하기까지 하는 분위기이다. 자녀가 남들 앞에 나서는 것을 부끄러워하면 부모는 이를 비난하며 걱정하고 웅변학원이라도 보내며, 적극 나서기를 강요한다. 학교에서도 당당하게 나서는 아이에 대해 교사는 더 긍정적인 평가를 한다.

과시행동은 자신감의 표현이 아니며 오히려 열등감을 덮고 자신을 드러내려 할 때 나타나는 모습이다.

모든 면에서 더함도 덜함도 없는 중용이 가장 필요하듯이 자기를 남들에게 드러냄에 있어 지나치게 수줍어하는 것도 문제가 되나 반대로 지나치게 자기를 나타내는 것도 문제가 된다. 이 후자를 '과시행동'이라 한다.

과시적인 행동을 하는 아이는 언제나 남들에게 우쭐대며 항상 말이 앞서고 행동은 말에 미치지 못하며 심지어는 거짓말로 집에 없는 것도 있다고 하고 해 보지 않은 것도 해 본 것처럼 과장되게 표현한다. 그러나 이런 거짓말이 의도적인 것은 아니다. 과시를 하다 보니 자신도 모르게 부풀려졌을 따름이다. 과시행동을 하는 아이는 의외로 순진하고 나이보다 사고가 어린 경우가 많다. 그런 면에서 상습적으로 거짓말을 교묘하게 하는 아이와는 다르다. 과시행동을 하는 아이를 부모는 매우 자신감이 넘치고 자존심이 센 아이라고 생각하는 수가 많다.

그래서 이런 아이를 데리고 상담소에 찾아와 상담을 요청할 때 아이가 자신감이 없고 열등감이 많다고 하면 잘 믿지 않으려 하고 매우 의아해한다. 모든 감정에는 양면성이 있듯이 과시행동은 자신감의 표현이 아니라 우월감, 자신을 안 알아 주니 좀 알아달라고 우쭐대는 것이므로 사실상 열등감의 표현이다. 이런 아이는 또 대체로 머리는 좋은 편이나 겉에 나타나는 결과는 머리에 비해 별로 좋지 않다.

친구들과 같이 있어도 결국은 혼자 빙빙 도는 일이 많다. 친구들이 안 끼워 줘도 열심히 그 속에 끼려 하고, 과시행동을 했을 때 남들이 어떤 말을 해도 아무렇지도 않은 듯이 행동을 한다. 그리고 집 안에서는 어린아이같이 어리광도 부렸다, 떼도 썼다 호언장담을 하기도 한다.

부모는 이런 자녀를 어떻게 다루어야 할지 난감할 때가 많다. 우선 자녀의 특성을 정확히 파악해야 한다. 과시행동은 자신감의 표현이 아니며 오히려 열등감을 덮고 자신을 드러내려 할 때 나타나는 모습이다. 부모는 진정으로 자신감을 키워 주도록 해야 한다. 그리고 일관성 있는 통제훈련을 실시해야 하며 과잉보호를 하지 않아야 한다. 그리고 자녀의 호언장담을 비난하지도 또 믿지도 말고 무심하게 들어넘기며 자녀가 조금이라도 바람직한 행동을 했을 때 이를 적극 칭찬하고 격려해 주어야 한다.

죽음을 인식하는 시기

죽음을 받아들이는 마음의 상태는 어른이나 아이나 마찬가지이다. 슬픔을 느끼는 정도도 비슷하다. 어른과 마찬가지로 아이도 그 생명의 기원뿐 아니라 그의 종점인 죽음에 대해 관심이 크며 죽음을 두려워한다.

아이가 죽음과 접촉할 수 있는 기회는 아주 이른 시기부터 생긴다. 일반적으로 아이는 자신의 소유물과 주변의 동물들에 대해 매우 애착을 가지는데, 어느 날엔가 그러한 것들이 자신의 주변에서 사라진다는 것을 알게 된다. 이러한 사라짐은 아이로 하여금 슬픔과 두려움을 갖게 한다. 이러한 경험을 통해 이별이나 죽음에 대해 아이 나름의 사고가 형성되는 것이다.

그러므로 슬픔을 겪고 이겨 나가는 과정은 죽은 대상이 아이와 얼마나 밀착되어 있고 영향을 미치던 존재이냐 하는 것과, 아이가 슬픔을 이겨내도록 옆에서 적절하게 도와 준 어른이 있었느냐 없었느냐에 따라 기간이 오래 가기도 하고 단축되기도 한다.

어른들은 우선 아이에게 죽음은 여행이나 입원으로 잠시 없는 것과는 다르다는 사실을 정직하게 설명해 주어야 한다. 죽음을 대하는 우리들의 마음은 무거운 것이지만, 한 사람의 삶이 끝났다하더라도 다른 모든 사람의 삶은 계속된다는 것도 알려 주어야 한다.

그리고 아이가 느끼고 있는 것과 감정을 모두 표현할 수 있도록 도와 주어야 한다. 죽은 대상에 대한 추억, 그리움, 분노, 죄책감 등 모든 것을 고통스럽더라도 자꾸 겉으로 드러내게 해서, 감정적으로 아무렇지 않은 추억으로 간직하게 한다. 어른들도 슬플 때는 아이 앞에서 눈물을 흘리며 슬픔을 감추지 말고 표현한다.

종교적인 믿음이 있는 가정이라면 사후 세계를 인정하면 죽음을 받아들이기가 훨씬 쉬울 것이다.

개, 고양이 등과 같은 애완 동물이 죽었을 때도 아이가 느끼는 슬픔과 그 슬픔을 겪는 과정은 사랑

슬픔을 겪고 이겨 나가는 과정은 죽은 대상이 아이와 얼마나 밀착되어 있고 영향을 미치던 존재이냐 하는 것과, 아이가 슬픔을 이겨내도록 옆에서 적절하게 도와 준 어른이 있었느냐 없었느냐에 따라 기간이 오래 가기도 하고 단축되기도 한다.

하는 사람이 죽었을 때와 똑같다. 그러므로 부모는 '그까짓 것' 하고 무시하지 말고 진지하게 아이의 마음 상태를 이해해 줄 필요가 있다.

남의 자식이야 어떻든 자기 자식만을 위하는 맹목적인 사랑은 결국 자식을 망치게 된다.
나 자신의 이익보다는 다른 사람을 먼저 배려하는 모습을 부모가 생활 속에서 보여 줄 때만이
자녀가 이기적, 자기중심적이 아닌 바람직한 인간으로 성장할 수 있을 것이다.

제3장 **이런 아이는 이렇게 2**

아이가 학교 생활에 적응하지 못한다면
전문가의 도움을 받아야 한다

학교는 사회의 축소판이다. 교실, 복도, 운동장에서 아이는 여러 계층, 다양한 성격의 아이들을 만난다. 그리고 사람들 사이에서 일어날 수 있는 여러 가지 문제에 부딪히게 된다. 이렇게 학교 생활에 적응하며 아이는 사회에 나갈 준비를 하는 것이다. 대부분의 아이들은 시간이 지남에 따라 여러 문제를 잘 처리하며 자기가 속한 사회에 잘 적응하여 행복하게 지내게 된다. 그러나 바뀐 환경에 쉽게 적응하지 못하는 아이가 있다.

학교 생활에 적응하지 못하는 경우는 크게 두 가지로 나누어 볼 수 있다. 하나는 일시적인 부적응이고, 다른 하나는 장기적인 부적응이다. 일시적인 부적응은 주로 갓 입학한 1학년생에게 많이 생기는 현상이고, 장기적인 부적응은 학년이 올라가도 계속적으로 문제행동을 보이는 현상을 말한다. 이와 같은 부적응 양상은 구체적으로 어떻게 나타나며, 그 원인은 무엇이고, 부모는 이를 어떻게 지도해야 할까?

일시적인 부적응

일시적 부적응으로 나타나는 행동은 매우 다양해 학교 가기를 싫어하거나,

가서도 교실에 안 들어가고 오줌을 싸기도 하며, 툭하면 울고 손톱을 물어 뜯거나 손가락을 빨고, 눈을 깜박거리기도 한다. 이런 행동은 일단 적응을 하면 없어진다.

엄마와 떨어지는 것이 싫어서 엄마와 아이가 지나치게 밀접한 심리적 공생 관계에 있어 서로 떨어지지 못하는 경우이다. 이런 경우는 일시적 부적응 정도가 아니라 학교거부증이라는 장기적 부적응으로 나타날 확률이 높으므로 전문가의 상담이 필요하다.

다른 경우는 과잉보호로 아이가 떨어지는 연습이 안 되어 생기는 부적응이다. 대부분 보름쯤 지나면 자연히 해결되나 그 후로도 계속 이 문제가 나타난다면 학교거부증이나 다른 문제가 있는 것이 아닌지 살펴봐야 한다.

학교에 대한 부정적 말만 듣고 미리부터 겁을 먹었을 때 이 경우는 우선 스스로 체험하여 부정적인 견해를 긍정적인 쪽으로 바꾸는 것이 가장 확실한 방법이다. 그러나 엄격한 담임 선생님을 만나 많은 숙제와 체벌을 경험을 하게 된다면 아이의 부정적인 견해를 쉽게 바꾸기가 어려울 것이다. 이런 경우 부모는 아이의 학급 내 생활 이외에 아이가 재미있게 생각할 학교 생활들을 찾아 주어야 한다. 어떤 상황에서도 아이들은 재미를 찾는 법이기 때문이다.

유치원과 학교 환경이 아주 다를 경우 과밀학급과 낙후된 시설 등 불편한 교육 환경으로 유치원과 연계성을 갖지 못하는 것은 대부분의 학교가 갖고 있는 국가 차원의 문제이다. 그러므로 부모가 단시일에 해결할 수 없는 난제이므로 가슴이 아프지만 어쩔 수 없

> 학교 가기를 싫어하거나, 가서도 교실에 안 들어가고 오줌을 싸기도 하며, 툭하면 울고 손톱을 물어뜯거나 손가락을 빨고, 눈을 깜박거리는 등 일시적 부적응으로 나타나는 행동은 일단 적응을 하면 없어진다.

는 일이다. 우선 당장은 아이들의 불만과 어려움을 그대로 수용하며 적응할 때까지 지켜보는 수밖에 없다. 그 대신 부모가 개별적으로 학습의 재미를 느끼도록 보충해 줄 수는 있다.

화장실에 가지 못하고 오줌을 싼다 아직도 초등학교에는 재래식 화장실이 많다. 수세식 화장실에 익숙한 아이들은 어려움을 많이 겪는다. 이래저래 학교 생활 초기에 긴장도 되는 데다 화장실마저 불편해 오줌을 싸거나 팬티에 대변을 묻히는 일은 흔히 일어난다. 대부분의 아이들은 차츰 적응을 하게 되나 유난히 힘들어하는 아이들이 있다. 대변은 학교 가기 전이나 저녁 시간에 보도록 습관을 들이는 게 좋다. 소변은 어쨌든 시간이 가면서 적응하는 수밖에 없다. 그러나 화장실에 못 가는 이유가 단지 재래식이라는 이유 하나만은 아닐 수 있다.

몹시 긴장하여 자주 화장실에 가고 싶으나 선생님이 허락을 안 할 수도 있고, 선생님이 어려워 수업 도중 화장실 간다는 말을 하지 못할 수도 있고, 집에 와서 누려고 참다 집에 오는 길에 오줌을 싸기도 한다. 또 짧은 휴식 시간에 너무 많은 아이들이 화장실에 몰려 교실에 들어가야 하는 시간까지도 차례가 안 되어 오줌을 쌀 수 있다. 부모는 아이가 오줌을 싸고 오더라도 야단치지 말고 오줌 싼 이유를 찾아내 해결하도록 도와 주어야 한다.

장기적인 부적응 행동은 부모 힘만으로 해결하기에는 한계가 있어 전문가의 도움을 받아야 되는 경우가 많다.

규칙 생활이 어려워서 밤에 늦게 자고 아침에 늦게 일어나는 습관이 들어 있는 아이의 경우 학교 가기를 특히 어려워한다. 생활 습관이 하루 이틀에 고쳐지는 것은 아니므로 부모는 꾸준히 아이의 밥 먹는 시간, 숙제하는 시간, TV 보는 시간, 잠자는 시간 등 매일의 생활 습관이 규칙적이도록 애써야 한다. 그러기 위해서는 우선 부모 자신부터 규칙적으로 생활해야 할 것이다.

체력이 약해서 대부분의 아이들이 가방과 신발주머니, 준비물 등을 들고 다닌다. 책가방을 메고 다녀 버릇하지 않은 1학년생은 가방이 무겁게 느껴질 것이다. 학교가 멀거나 체력이 약하면 매우 힘들고 지친다. 매일의 생활을 유지하기 위해 방과 후 과외 활동이 많은 아이의 경우에는 당분간 과외 활동을 줄이고 밤에 일찍 재워 충분히 휴식을 취하도록 해야 한다.

장기적 부적응

일시적인 부적응과 달리 장기적인 부적응은 그 뿌리가 깊어 매우 심각하게 복합적인 양상을 띤다. 소외감, 열등감이 깊어져 부정적인 자기 이미지를 갖게 될 뿐만 아니라 정서적으로 불안정하고, 부모와의 관계도 극도로 나빠진다.

형제들과의 지나친 경쟁적 태도, 피해의식, 심지어는 도벽이나 가출 등 비행으로까지 나타난다. 대체로 장기적인 부적응 행동은 부모 힘만으로 해결하기에는 한계가 있어 전문가의 도움을 받아야 되는 경우가 많다.

그러면 장기적인 부적응이 되는 이유는 무엇일까?

주의가 산만하고 집중하기 어려울 때 초등학교 저학년 교사들의 공통된 의견은 한마디로 요즈음 아이들은 옛날 아이들과 다르다는 것이다. '다르다'는 말 속에는 더 똑똑해졌다, 말을 잘한다, 숫기가 좋다 등의 긍정적인 면도 있지만 그보다는 선생님 말을 안 듣고, 차분하지 못하다는 부정적인 뜻이 더 많다. 차분하지 못하다는 것은 바로 수업을 받을 수 있는 기본 자세가 안 되어 있다는 말이다.

특히 여자아이보다 남자아이들의 경우 더욱 두드러진다.

산만하고 부산스런 아이는 주의력결핍, 과잉행동 등의 장애를 갖고 있는 경우, 통제 훈련이 안 되는 경우, 지나친 과잉보호로 참을성이 없는 경우 등을 들 수 있다. 첫 번째의 경우는 물론 병원이나 전문 상담 기관의 치료를 병행해야 할 것이나 대부분은 두세 번째에 해당되리라 생각한다.

통제 훈련이 안 되는 아이의 경우는 어렵기는 하나 지금부터라도 훈련을 해야만 한다. 통제 훈련은 이미 어릴 때 되었어야 할 일이므로 이때 하려면 시간이 많이 걸린다. 그러나 늦었더라도 해야 한다. 우선 식사 시간을 규칙적으로 정하고 식사 때 차분히 예의를 갖추고 먹도록 가르친다. 또 먹고 싶은 것, 갖고 싶은 장난감 등 아이가 요구하는 것을 즉시 들어 주지 말고 미루었다 들어 주도록 한다.

부모의 과잉보호로 참을성이 부족한 아이에 대한 훈련은 앞서 말한 통제 훈련을 병행해야 한다. 부모는 과잉보호를 단호히 자제하고 자녀가 자기 스스로 할 수 있도록 기회를 주어야 한다.

친구를 사귀지 못할 때 친구를 잘못 사귀는 아이들의 특성은 대체로 두 가지 형태로 나타난다. 친구들과 어떻게 사이좋게 지내야 하는지 그 방법을 몰라서 부정적인 행동으로 접근하는 경우, 또 하나는 아예 접근도 못 하는 경우이다. 어쨌든 두 가지 모두 다 친구들에게서 배척을 당해 외톨이가 될 수밖에 없고 이 때문에 소외감, 열등감이 생길 수밖에 없다.

우선 쉽게는 학교 친구들을 집으로 자주 초대하여 같이 놀고 숙제도 함께 하도록 부모가 친구를 적극적으로 붙여 주는 일이다. 물론 중간중간 간식도 주고 부모가 끼어들어 다같이 게임을 하며 놀기도 하고, 가족끼리 놀러갈 때 아이 친구를 데리고 가는 등의 세심한 배려가 필요하다. 다른 친구들과 같은 학원에서 과외 활동을 하게 할 수도 있다. 그러나 이런 아이들은 이미 유치원 또는 아래 학년 때에도 친구를 못 사귀는 문제를 갖고 있었을 것이다. 그래서 이런 방법으로 쉽사리 해결되지 않고 문제가 간단치 않을 때에는 반드시 전문가의 상담을 받아야 한다.

수업을 따라가지 못할 때 1학년이나 첫 학기에는 준비 단계에 해당되니 별문제가 없겠으나 2학년 이상부터는 아래 학년의 기초가 없으면 수업 진도를 따라가기가 어렵다. 특히 고학년의 경우에는 뒤처진 것을 보충하는 데 많은 시간이 걸리게 되어 계속 더 뒤처지게 되는 악순환을 겪게 된다.

부모는 아이가 왜 뒤처지는가를 알아야 한다. 크게는 두 가지로 학습 능력의 부족 현상을 설명할 수 있다. 하나는 원래 지능이 낮은 경우로 전문가의 판단에 맞추어 아이에게 무리한 기대를 하지 않도록 해야 한다. 그러나 아이들은 지능이 계속 발달하는 과정에 있으므로 포기하지 말고 아이의 능력을 최대한 끌어내도록 도와 주어야 한다.

다른 하나는 부모에게 문제가 있는 경우이다. 부모의 방치로 모르는 것을 보충하지 못해 계속 모르는 상태로 진도를 나가지 못할 수도 있고, 부모의 지나친 간섭과 뭐든지 잘 해야 한다는 강박관념 때문에 아이가 지쳐 공부를 안 하려 할 수 있다. 또는 부부 관계가 나쁘거나 아이를 학대하여 정서적으로 불안하고, 의욕을 상실하여 공부를 못할 수도 있다. 그러나 너무 오랫동안 수업을 따라가지 못할 때에는 전문가와 상담을 하도록 해야 한다.

떼쓰는 아이는 일관성 있는 태도로 대하라

요즈음의 가정은 핵가족화되고 자녀 수가 하나 아니면 둘로 현저하게 줄어 매우 단출하다. 그러다 보니 아이 중심으로 가정교육이 이루어지고 있는 것이 현실이다. 아이를 데리고 온가족이 쇼핑을 하거나 외식을 하거나 공원이나 유원지 등으로 나들이하는 모습은 자주 볼 수 있는 광경이다.

이와 더불어 서너 살짜리 아이들을 데리고 나온 부모들이 곤란을 겪는 모습도 심심치 않게 볼 수 있다. 장난감 가게 앞에서 뭘 사 달라고 징징거리며 조르거나 아예 바닥에 주저앉아 발버둥치며 떼를 쓰고 드러누워 버리는 아이도 있다. 사람들이 많이 지나다녀 창피해서 큰 소리로 야단도 못 치고 때리지도 못해 "이따 집에 가서 봐." 하고 위협하기도 하고, 다음에 사 준다고 달래기도 하고, 그냥 놔 두고 간다고 몇 걸음 가 보기도 하고, 참다못해 구석으로 끌고 가 한 대 쥐어박기도 하는 등 애를 먹기도 한다.

이처럼 자기가 갖고 싶은 것을 무조건 사 달라고 심하게 떼를 쓰거나, 음식점에서 부산을 떨어서 모처럼 나온 가족 나들이를 모두 망치게 된다.

외출할 때 옷도 예쁘게 갈아입고 온식구가 들떠서 기분 좋게 나갔다가 들어올 때는 아빠는 아빠대로 엄마는 엄마대로 지치고 화가 잔뜩 나 있고, 아이는 아이대로 자기 욕구가 채워지지도 않은 데다 야단만 맞아 입이 쑥 나오는 등 기분이 모두 상해서 들어오게 된다.

아이에게 "너, 다시는 안 데리고 다닐 거야." 하고 엄포를 놓고 또 그 다음 외출할 때에는 얌전히 떼 안 쓸 거라는 약속을 아이에게 받아 내고 나간다. 그러나 위와 같은 사태는 반복되기 마련이다.

떼쓰고 부산스럽게 구는 아이는 자신의 행동을 통제할 수 있는 힘이 없어서 그렇다. 욕구충동을 조절할 수 있는 능력이 없으므로 자기 하고 싶은 대로 하려고 하는데, 어른들에게 제지를 당해 욕구가 좌절되니 떼쓰고 말 안 듣는 행동을 하는 것이다.

자신의 행동을 통제하고 욕구충동을 조절하는 힘은 한 돌 반부터 길러지기 시작해서 세 돌까지 하나의 중요한 발달 과업으로 이를 다 길러야 한다. 그런데 네다섯 살이 되어도 아니 그 이상이 되어도 배우지 못하면 계속 문제행동으로 나타날 수밖에 없다.

많은 부모들이 자녀에게 지나치게 허용을 베풀고 있다. 자유롭게 키운다는 생각으로 그렇게 하지만 객관적으로 보면 바람직하지 못하다.

어릴 때 오냐오냐 하고 아이가 원하는 대로 다 해 주다가 아이가 크면서는 아이한테 휘둘려 언제 어떻게 통제를 해야 할지를 몰라 애한테 끌려다니는 꼴이 되고 만다. 이러다가는 안 되겠다 싶어 어느 날은 애를 확 잡았다 지금부터라도 다시 아이의 행동을 통제하고, 욕구충동을 조절하여 바람직한 행동을 하도록 가르쳐야 한다.

가 어느 날은 너무 심한가 싶어 풀어 주는 등 도대체 일관성이 없다. 그러다 보니 아이에게 느는 것은 떼뿐이다. 길바닥에 드러누워 소리소리 지르고 뒹굴며 떼쓰는 아이도 처음에는 징징거리며 조르는 것부터 시작했을 것이다.

그러다 행동이 점점 거칠고 거세어진 것이다.

어떻게 지도해야 하는가.

지금부터라도 다시 아이의 행동을 통제하고, 욕구충동을 조절하여 바람직한 행동을 하도록 가르쳐야 한다. 마음이 약해져서 아이에게 휘둘려 다니거나 자신의 기분에 따라서는 안 된다. 일관성 있는 태도로 '단호한 엄격함'을 유지해야 한다. 물론 자녀가 잘 참고 바람직한 행동을 보이면 칭찬과 격려를 아끼지 않아야 한다.

한계가 없는 자유는 방종이다. 자녀는 결국 많은 한계가 존재하는 사회 속에서 살아가야 함을 잊지 말아야 한다.

원만하게 친구 사귀기

개구쟁이들이 밖에서 신나게 놀고 있다. 자전거 타고, 총·칼 싸움하고, 마당 한구석에서 옹기종기 모여 소꿉놀이도 한다. 자녀가 또래들과 어울려 신나게 노는 모습을 보면 부모의 마음은 흐뭇하다. 4~5살부터는 본격적으로 친구들과 관계를 맺어 가는 시기이다.

아이들의 놀이 발달 단계를 보면, 1~2살 때는 혼자놀이를 한다. 누가 옆에 있든지 관계없이 자기 혼자만의 놀이에 몰두한다. 2~3살쯤에는 병행놀이로 또래가 함께 있으면 좋아한다. 그러나 서로 상호작용은 없고 자기만의 놀이를 한다. 4~5살이 되면 연합놀이를 하는 단계이다. 이제는 혼자 있으면 심심해하고 또래들과 함께 놀고 싶어하며, 함께 놀 때 더 재미있어 한다. 5~6살 때에는 협동놀이 단계로서 앞의 연합놀이보다 더 조직적이고 규칙이 필요한 집단적인 놀이를 한다. 초등학교 시절에는 경쟁적인 게임, 지적인 게임을 즐긴다.

이와 같은 놀이 발달 단계를 볼 때 4~5살의 아이들에게는 발달상 친구 관계가 매우 중요한 과제라는 것을 알 수 있다. 그러므로 이 시기에 친구와 원만하게 사귀지 못하면 나이를 더 먹어도 다음 단계의 놀이로 넘어가지 못한다.

부모는 자식이 떼쓰면 져 주고 봐 주고 하지만 또래들은 절대 봐 주는 법이 없다. 자기 마음대로만 하려 할 때는 친구들에게서 따돌림을 당하게 된다. 아이들은 친구 관계를 통해 양보를 배우고 기다리는 힘을 키우며 서로 어울리는 방법을 터득하게 된다.

친구 관계는 아이의 사회성 발달을 위해 아주 중요하다. 발달은 인지, 언어, 신체, 정서, 사회성의 각 영역이 따로 발달되는 것이 아니라 서로 상호작용을 하며 영향을 미친다. 그러므로 어느 한 영역의 발달이 뒤쳐지면 다른 영역의 발달에 나쁜 영향을 미치게 되어 균형 있게 발달할 수가 없다. 친구 관계를 잘못 맺으면 사회성 발달이 늦어질 뿐만 아니라 다른 발달까지도 부정적인 영향을 받게 된다.

> 친구 관계는 아이의 사회성 발달을 위해 아주 중요하다. 발달은 인지, 언어, 신체, 정서, 사회성의 각 영역이 따로 발달되는 것이 아니라 서로 상호작용을 하며 영향을 미친다.

자녀가 친구를 잘 못 사귈 때 부모는 안타깝기만 하다. 부모가 대신해 줄 수가 없기 때문이다. 친구들이 놀러왔다 갈 때 가지 못하게 해 달라고 엄마에게 매달리며 울고불고 하거나, 또 가고 나면 심심해서 어쩔 줄 모르고 괜히 짜증을 부릴 때는 아이가 안쓰럽기도 하고, 또 화가 나기도 하고 부모의 마음도 갈팡질팡하게 된다.

왜 친구를 잘 못 사귀는 것일까? 몇 가지로 친구를 못 사귀는 원인을 찾아볼 수 있다. 첫째, 지능이 낮거나 신체적인 장애를 가진 경우가 있다. 둘째, 아이 자신의 성격이 내향적이거나 자기중심적이고 충동 조절이 어려워 마음대로 안 되면 또래를 때리거나 물건을 집어던지는 등 공격적인 행동을 하는 경우일 수 있다. 셋째, 부모가 이웃과 왕래가 없이 단절된 생활을 하며 집 안에서만 아이를 키웠을 경우가 있다. 주변에 또래들이 아무리 많아도 아이들은 부모가 서로 오가는 집 아이들끼리 더 잘 어울려 지낸다. 넷째, 이사를 자주 하여 친구들과 오래 사귀어 본 경험이 적고 적응하기 어려운 경우가 있다.

자녀가 어떤 이유로 친구를 못 사귀는지를 잘 파악하여 나름대로 대처해 나가야 한다. 어떤 경우이든 노력을 해도 잘 안 될 경우에는 전문 상담 기관을 찾아 좀더 적극적인 대처 방안을 찾아내야 한다.

주의집중을 못하는 아이, 원인별로 대처하기

새 학년이 시작되면 겨우내 해이해졌던 부모의 마음도 덩달아 긴장을 하게 된다. 유치원 · 초등학교 입학생을 둔 부모들은 모두 새로운 담임 선생님은 어떤 분이고 아이들을 어떻게 가르치실 것인가, 우리집 아이가 잘 적응할 수 있을까 등으로 시작부터 걱정이 태산 같아진다. 특히 주의가 산만해서 공부에 집중을 잘 못하는 자녀를 둔 부모는 더욱 긴장을 하게 될 것이다.

주의가 산만한 아이는 부모나 교사가 많은 비중을 두는 공부뿐만 아니라 여러 면에서 산만한 행동을 나타낸다. 한번 시작한 일을 마무리짓지 못하고 중간에 포기하거나 꼼꼼하지도 정확하지도 못하며 학교 공부뿐 아니라 지속적으로 주의력이 필요한 일에는 집중하기가 어렵다. 한 행동에서 다른 행동으로 지나치게 자주 옮아가며, 생각하기 전에 충동적으로 행동을 한다. 또 가만히 앉아 있지 못하고 불안정하며, 진득하게 자리를 지키지 못한다. 그리고 누가 말을 걸어도 못 듣는 것 같은 인상을 줄 때가 있다. 단체 생활이 어렵고 부모나 교사의 감독과 지도가 많이 필요하다. 또 이러한 증상은 같은 아이에게서도 장소에 따라 다르게 나타나기도 한다.

유치원이나 학교 같은 집단 생활에서는 문제를 일으키는 아이가 집에서는 만족스럽게 적응을 잘하는 경우도 있고 그 반대로 나타나기도 한다. 그리고 싫어하는 것은 조금도 안 하려 하지만 자기가 좋아하는 놀이를 할 때는 오히려 지나칠 정도로 오래까지 몰두해서 노는 아이가 있다. 이때 부모는 아이를 주의집중을 못하는 아이로 봐야 할지 어떨지 판단이 확실히 안 서게 된다. 이같이 지나친 불균형을 보이는 경우도 역시 주의력결핍 아이로 본다.

주의집중을 못하는 아이는 위에서 나열한 행동뿐만 아니라 고집이 아주 세고, 무엇이든지 반대로만 하는 청개구리 같은 버릇이 있다든가, 뻐기기 좋아하고, 난폭하고, 열등감이 많으며 떼를 잘 쓰는 등의 행동도 따르게 될 수 있다. 이 같은 산만한 행동이 아주 어릴 때부터 나타나나 심하지 않은 경우에는 대체로 그냥 지나치다가 학교에 들어가면서부터 문제가 되는 경우가 많다.

그럼 왜 지나치게 산만한 아이가 되는 것일까? 그 원인으로는 여러 가지를 들 수 있다.

첫째, 근본적으로 학습 능력이 모자라는 경우가 있다. 지능이 낮거나 간질, 뇌성마비 등의 신경적인 장애가 있어서 그럴 수도 있다. 지능이 70~80 정도의 아이, 부모도 모르게 간질이 있는 아이는 학교 들어가기 전에는 그냥 지나칠 수가 있으므로 우선 병원을 찾는 것이 좋다.

둘째, 신체적 이상이 없고 머리도 좋으나 아이의 기질, 유전적 요인, 가족적인 요인으로 주의가 산만한 아이가 되는 수가 있다. "애들 아빠가 어렸을 때 꼭 애 같았대요." 하는 등등의 말을 흔히 들을 수가 있는데 부모나 가족 가운데 그런 사람이 있는 경우가 꽤 많다고 한다. 이런 경우 자칫하면 부모 자신의 양육 방식의 잘못으로 생각하여 부모가 죄책감을 가질 수 있다. 아이의 타고난 성향은 인정하지 않고 부모의 기대 수준으로 끌어올려 보려고 강제하게 되므로 부모와 아이가 자주 싸우게 되어 또 다른 문제를 일으키게 될 수도 있다. 가족적 요인이 있는 경우에는 부모가 아이의 상태를 인정해 주면서 기대 수준을 아이에게 맞추어야 할 것이다.

셋째, 부모의 과잉보호나 방임, 통제 훈련이 안 된 경우가 있다. 아이를 양육하는 데는 적절한 통제와 보호가 있어야 한다. 지나친 보호나 지나친 방임 모두 문제가 된다. 아이들에게 필요한 것은 맹목적이 아닌 절제된 사랑이다. 과잉보호가 나쁘다는 것은 대부분의 부모들이 알고 있으면서도 부모 자신이 태도를 고치지 못한다. 그러나 부모는 과잉보호를 단호히 절제하고, 아이가 충동적 감정을 조절할 수 있도록 통제 훈련을 해야만 한다. 통제 훈련은 이미 두 살 때부터 시작이 되는 것이므로 현재 아이의 나이가 많은 경우에는 훈련이 어려울 것이다. 그래도 꾸준히 일관성 있는 태도로, 되고 안 되는 것의 한계를 명확히 지어 주는 일을 계속해야 한다.

이외에도 부모가 매우 불안정한 정서를 가진 경우, 또 감정을 절제하지 못하고 자녀에게 모든 감정을 격하게 드러내는 경우는 자녀의 정서를 해치므로 산만한 아이로 만들 수 있다. 부모의 다양한 노력에도 해결이 안 되고 싸움의 악순환이 계속되는 경우는 전문가의 도움을 받는 것이 좋다.

자기중심적인 아이,
부모의 잘못된 양육 방식이 문제다

세계적인 아동심리학자 피아제^{Piaget}가 아이의 '자기중심성'에 대해 실험을 한 적이 있다. 피아제는 아이 앞에 모양이 각기 다른 세 개의 산 모형을 배열해 놓고 아이의 맞은편에는 인형을 놓은 후 아이에게 물었다.

"자, 네 앞에 있는 산이 어떻게 보이니?"

"인형이 볼 때는 어떻게 보일까?"

이때 6살 이하의 아이는 자기가 앉아 있는 곳에서 바라보는 모습과 반대편에 있는 인형의 자리에서 바라보는 모습이 다르다는 것을 이해하지 못하기 때문에 인형이 보는 것도 자기가 보는 것과 같다고 이야기한다. 즉, 이것은 다른 사람(인형)의 관점을 이해하는 능력이 아직 생기지 않았기 때문이다.

'자기중심적'이라는 말은 아이가 자신의 입장과 타인의 입장을 구별하지 못하는 것을 의미한다. 이런 성장 발달 과정에서 일어나는 자기중심성은 이기적이라든가, 극단적이라는 의미와는 다르다. 그러므로 취학전 아이가 보이는 자기중심적인 태도는 발달 단계에서 보이는 당연한 모습이라 할 수 있다. 그러나 초등학교에 다니는 아이가 매사 자기중심적인 태도를 취한다면 이는 지능이 낮거나 모든 발달이 느리거나 장애를 가진 경우 또는 가정에서 부모의 잘못된 양육 방식에서 비롯된 것이라고 볼 수 있다.

아이들은 부모의 생활 태도를 그대로 보고 배운다. 부모가 자녀에게 아무리 좋은 말을 들려 주고, 충고를 해 주고, 좋은 책을 보게 한다 해도 매일 함께 생활하는 부모의 좋은 또는 안 좋은 태도는 여과없이 고스란히 아이에게 전달된다. 흔히 엄마들이 이런 말들을 많이 한다. "어렸을 때 친정 엄마가 하는 행동이 싫어서 나는 이 다음에 엄마가 되면 절대로 그러지 말아야지 했는데 결혼해서 살다 보니 내가 친정 엄마와 똑같이 하고 있더라."

정말 그렇다. 특히 자기중심적인 아이는 사실 부모가 만들고 있는 것이다.

나 자신의 이익보다는 다른 사람을 먼저 배려하는 모습을 부모가 생활 속에서 보여 줄 때만이 자녀가 이기적, 자기중심적이 아닌 바람직한 인간으로 성장할 수 있을 것이다.

아이가 요구하기도 전에 불편을 조금도 겪지 않도록 먹을 것, 입을 것, 원하는 것을 미리 척척 해 주며 떠받들어 줄 때 아이는 남을 생각하는 힘, 다른 사람의 처지를 헤아리는 힘을 키울 수가 없는 것이다.

새 학기가 되면 대부분의 부모들은 담임 선생님을 만나 자기 자녀에 대해 이야기를 나누게 된다. 그럴 때 자기 자녀를 잘 봐 달라는 암시적인 분위기를 나타내거나 구체적인 부탁을 하는 경우도 있다.

예를 들어 우리집 아이가 제일 뒷자리에 앉았는데 앞자리로 바꿔 달라고 한다든지, 손을 들면 자주 시켜 주어 자신감을 갖게 해 달라든지, 또 학급 위원을 시키려고 하거나, 어떻게 해서든지 반장, 부반장이 되게 하려고 물품 공세로 어른들의 타락한 선거 방식을 흉내낸다든지 이렇게 자기 자녀만이 두드러지게 우월한 아이가 되도록 하는 데 수단 방법을 가리지 않고 자기 자녀만을 위하는 행동을 서슴지 않는 경우를 흔히 볼 수 있다.

좋은 의미로 부모의 자식에 대한 사랑의 표현이라고 볼 수 있겠지만 자식을 사랑하지 않는 부모가 어디 있겠는가. 많은 학생에 비해 담임 선생님은 한 분이고 그 한 분의 관심은 학급 전체에 고루 나누어져야 하는데도 부모들은 자기 자녀에게만 관심을 쏟기를 바라고 있다.

또 자기 자녀가 뒷자리에서 앞자리로 옮기면 누군가는 그 뒷자리로 밀려날 수밖에 없는 것이다. 세상은 잘난 사람, 못난 사람 가릴 것 없이 골고루 자기의 몫을 하나씩 이루게 되어 있다. 모두가 윗자리만 차지하려고 수단 방법을 가리지 않고 돌진한다면 결과는 뻔하다. 먼 미래가 아니라 지금 우리 사회가 바로 그런 양상을 보여 주고 있지 않은가.

세상은 혼자서 살 수는 없다. 아무리 잘난 사람이라도 어느 사회에, 가정에, 집단에 속해 있기 마련이다. 부모들이 자녀가 잘 되도록 애쓰는 것은 자녀의 행복을 위해서이다. 그러나 자녀 혼자만 잘 돼서는 절대 행복해질 수 없다. 남의 자식이야 어떻든 자기 자식만을 위하는 맹목적인 사랑은 결국 자식을 망치게 된다. 자녀의 바람직한 미래의 인간상은 홀로 설 수 있는 인간, 늘 타인의 처지도 고려하는 성숙한 인간의 모습이어야 하지 않을까? 형편이 좋은 가정이든, 나쁜 가정이든 자신의 것은 최소화하고 그 나머지는 어려운 이웃에게로 돌리며, 나 자신의 이익보다는 다른 사람을 먼저 배려하는 모습을 부모가 생활 속에서 보여 줄 때만이 자녀가 이기적, 자기중심적이 아닌 바람직한 인간으로 성장할 수 있을 것이다.

남의 물건을 가져가는 아이에게는
부모의 단호한 태도가 중요하다

전에는 전혀 그런 적이 없었는데 유치원에 들어가서 다른 아이의 물건이나 유치원 물건을 집에 가져와서 부모를 크게 걱정하게 하는 경우가 있다. 또 친구집에 가서 작은 물건이나 장난감을 가져오는 경우도 있고, 수퍼마켓에서 돈을 안 내고 먹을 것을 집어오기도 하고, 학교에서 친구의 지우개나 연필 등을 가져오기도 한다. 아마 부모들 중에 어렸을 때 남의 것을 한 번쯤 슬쩍 집어와 가슴 조이던 경험들을 안 가져 본 사람은 드물 것이다. 호기심으로, 재미로 또는 다른 이유로 남의 물건을 몰래 훔쳐 보는 경험은 대부분 있을 것이다. 들켜서 혼이 나기도 하고 어른이 된 지금까지도 혼자만 아는 비밀로 간직하고 있을 수도 있고, 이와 같이 훔치는 행동은 어렸을 때는 누구에게나 흔히 있을 수 있는 일이다.

그러나 어쩌다 한 번이 아니고, 반복적이고 지속적일 때는 주목해야 된다. 남의 것을 몰래 가져와서는 안 된다는 것을 알게 되는 것은 어느 정도 도덕성에 대한 개념이 발달되는 유아기에 이르러서야 가능하다. 이 시기의 아이는 내 것과 남의 것에 대한 소유 개념이 확실하여 남의 것은 함부로 가지면 안 된다는 것을 안다. 그러므로 유아기 이후의 아이가 남의 것을 몰래 훔치고 가져오는 행동은 문제행동으로 볼 수 있다.

문제행동의 종류는 매우 많은데 부모나 교사 등 어른들은 특히 이 훔치는 행동에 대해서는 과민반응을 나타낸다. 아주 큰일났다고 생각해 당황하여 아이가 왜 훔치는 행동을 하게 되었는지 이유를 살펴볼 여유도 없이 아이를 다그치고 혼내고 위협하게 된다. 훔치는 것은 곧 도둑질, 도둑놈, 비행, 감옥 이라는 단어가 즉각적으로 연결되어 생각나기 때문이다. 그래서 다른 문제 행동이 생겼을 때보다 더 과잉반응을 보여 상황을 더욱 그르치게 된다.

모든 행동에는 특히 문제행동에는 그 행동을 할 만한 원인이 되는 이유가 반드시 있게 마련이다. 훔치는 행동도 마찬가지이다. 덮어놓고 훔쳤다는 결과만 가지고 아이를 다룬다면 그 행동은 멈추지

남의 것을 몰래 가져와서는 안 된다 는 것을 알게 되는 것은 어느 정도 도덕성에 대한 개념이 발달되는 유아 기에 이르러서야 가능하다.

않고 계속 훔치며 이번에는 들키지 않게 하고 거짓말하며 스스로 나쁜 아이 라는 낙인을 찍어 죄책감을 갖게 되고 부정적인 자아상을 만들어 나가게 될 것이다.

훔치는 행동은 왜 하는 것일까? 그 원인을 살펴보기로 하자.

첫째, 남의 것을 몰래 가져서는 안 된다는 행동 규정을 충분히 학습하지 못한 경우, 아이가 잘 모르고 남의 물건을 가져왔을 때 부모가 이를 대수롭 지 않게 여겨 별것 아닌데 하고 그냥 넘겨 버릴 수 있다. 이럴 때 아이는 부 모의 태도를 허락으로 받아들인다. '남의 것을 가져도 되는구나.' 라고 아이 는 생각하여 다음에도 또 가져오게 된다. 그러므로 부모는 아무리 사소하고 하찮은 물건일지라도 확실히 안 된다는 태도를 보여 주어야 한다.

둘째, 어른의 잘못된 행동을 본받는다. 아이에게는 남의 것을 가져오면 안 된다고 말로 가르치며 행동으로 부모가 모범을 보이지 않는다면 아이는 부모의 말을 따르는 것이 아니라 부모의 행동을 따르게 된다. 엄마가 옆집에서 빌려온 물건을 돌려 주지 않는다든지, 아빠가 회사 자재를 몰래 빼돌린다든지, 이중적인 기준을 가질 때 자녀는 부모나 교사의 행동 쪽의 기준을 택하게 된다.

아이가 훔치는 행동을 보일 때 결과만 가지고 다룰 것이 아니라 반드시 왜 훔치게 되었는지 그 원인을 찾아야 한다. 그리고 원인에 따른 교육적 해결책도 함께 찾아야 한다.

셋째, 소심하고 겁이 많은 아이의 경우 어떤 행동이 훔친 것으로 보여질 수 있다. 이런 아이는 자신의 요구 사항을 직접 말하지 못하고, 허락한 것도 그 자리에서 행하지 못한다. 그래서 먹으라고 할 때는 못 먹고 아무도 없을 때 아까 먹고 싶었던 음식을 슬쩍 집어먹는다든지, 자신의 욕구를 간접적으로 표현하기 때문에 오해의 소지가 많다.

넷째, 질투가 심하고 경쟁심이 많으며 공격적인 아이는 상대방을 다치게 하기 위해 훔치는 행동을 할 수 있다. 상대방이 아주 아끼는 물건을 훔쳐서 그 사람이 슬퍼하고 곤란해하는 모습을 보고 쾌감을 느끼며 자신의 욕구를 충족하는 것이다. 또 부모나 교사가 자신의 마음을 몰라 주고 힘들게 할 때 이런 행동으로 복수를 하지만 사실 그 아이의 마음은 자기를 좀 알아 달라는 것이다.

다섯째, 애정에 대한 갈구로서 아이들은 누구나 부모와 교사의 사랑과 관심을 받고 싶어한다. 그런데 그동안 충분한 관심을 받다가 어떤 사정이 생겨 관심이 멀어질 경우 아이의 실망과 좌절은 매우 크다. 그때 어떻게 해서든지 그 관심과 애정을 다시 찾고자 안간힘을 쓴다. 그중의 하나로 훔치는 행동을 한다. 아이는 훔친 물건을 갖고자 하는 것이 아니라 사랑을 훔치고자 하는 것이다.

이상과 같이 훔치는 행동의 원인은 다양하다. 그러므로 부모나 교사는 아이가 훔치는 행동을 보일 때 결과만 가지고 다룰 것이 아니라 반드시 왜 훔치게 되었는지 그 원인을 찾아야 한다. 그리고 원인에 따른 교육적 해결책도 함께 찾아야 한다.

상담원 레터-셋

- 어렸을 때 가정에서의 경험은 성격 형성의 기초를 이루지요.

- 양육은 지식으로 하는 게 아니라 감정으로 하는 것입니다.

- 좋은 부부 관계는 자녀교육에 있어 핵심입니다.

- 부모 자녀 관계가 원만하고 지지받는 아이는 자신감이 있으며, 부모가 생활 속에서 남을 배려하는 모습을 보일 때 아이는 이를 본받아 잘 성장합니다.

- 아이들도 어른처럼 스트레스를 받으면 여러 증상으로 나타납니다.

- 초등학교 시기는 자신감, 성취감, 유능감을 기르는 시기임을 기억하세요.

- 학교 부적응에는 여러 가지 이유가 있어요. 따라서 원인을 잘 찾아 적극적인 대처를 하는 일이 중요하지요.

- 떼쓰는 행동은 통제하는 힘을 기르지 못해서 그런 것이에요. 나이가 몇 살이건 간에 안 되는 것과 감정을 조절하는 법을 가르쳐 주세요.

- 주의집중 문제를 가진 아이는 기질적인 문제인지 양육 태도의 문제인지를 파악하기 위해 반드시 전문가를 찾아야 합니다.

- 친구 관계는 사회성 발달뿐 아니라 다른 발달에까지도 영향을 미치므로 부모가 관심을 갖고 잘 살펴야 할 것입니다.